自然の現象学入門

中 敬夫●著

萌書房

序

本書は「自然の現象学」という、筆者生涯のテーマに関して、その基本構想、これまで上梓してきた諸著作の概要、そしてそれについての自己反省と、将来の研究に向けての展望とを著した小著である――このような著作を起草しようと考えた経緯について、まず述べておきたい。

本文でも記しておいたように、筆者は一九八八年から一九九一年にかけての三年間のフランス留学を終えて一段落のついた一九九二年の夏、以下の六部から成る『自然の現象学』という、筆者のライフワークとも言うべき著作を構想した。すなわち「第一部　感性論（空間および時間）」。「第二部　論理（「多なき一」もしくは「一における一」）」。「第三部　実在と表象（自然と文化）」。「第四部　自由と非自由（行為と無為）」。「第五部　身体論（身体の発生論的構成）」。「第六部　他者論（自然における他者と文化的他者）」。

そしてこの構想は、細部（特に第六部）に若干の修正を伴いつつ、以下の六冊の著作となって、一応の完結を見た。『自然の現象学――時間・空間の論理――』世界思想社、二〇〇四年。『歴史と文化の根底へ――《自然の現象学》第二編――』世界思想社、二〇〇八年。『行為と無為――《自然の現象学》第三編――』萌書房、二〇一一年。『身体の生成――《自然の現象学》第四編――』萌書房、二〇一五年。

『他性と場所Ⅰ――《自然の現象学》第五編――』萌書房、二〇一七年。『他性と場所Ⅱ――《自然の現象学》第六編――』萌書房、二〇二〇年。それゆえ最初の構想から二八年経って、ようやく当初の計画が実現されたのだということになる。

しかしながら筆者には、これで満足とか、一旦ここで一休みとかいう気分にさえ、まったくなれなかった。まだ成し遂げられていない諸課題が、しかもいままでよりおそらくもっと過酷で難解な仕事が、多々残されている。それをまず自己自身に明らかにするために、筆者の意図の明確化や、これまでの諸著作の内容の大きな流れの呈示を含むとともに、場合によってはそこに自己批判ないしは自己破壊をも加えつつ、これからの諸課題を明示するような一冊の小著を著しておきたい――それが『自然の現象学入門』を執筆しようと思い立った動機である。

それゆえ本書は、以下の三章から構成されている。

第一章「「自然の現象学」入門」は、「現象学とは何か」、「自然とは何か」、「自然の現象学とは何か」といった基本的な諸主題についての筆者自身の考えを明らかにしようとしたもので、ほんらいなら『自然の現象学』のシリーズ全体の「序論」ともなるべきもの――「入門（introduction, Einführung）」とは「序論」である――であったかもしれない。そもそも「序論」というものは、本文が書かれたのちに記されるのが通例なのだが、筆者の場合、第一作が出版されてから第六作が上梓されるまでにさえ一六年を費やしてしまったのだから、ずいぶん遅れてやって来た「序論」だということになる。しかし当然のことながら、そこには一九九二年や二〇〇四年の時点においてさえまだ想到されていなかった諸々の考えが、付加されてもいる。それゆえ本章はむしろ、筆者の今後の研究活動に向けての「序論」と言った方が、適切なのかもしれない。

第二章「『自然の現象学』の展開」は、このシリーズの既刊六冊の概要を、第一節「時間・空間の論理」、第二節「歴史と文化の根底へ」、第三節「行為と無為」、第四節「身体の生成」、第五節「他性と場所」というように、著作の順序通りに紹介していったものである（第一節と第五節におけるレヴィナスのように、若干の重複箇所が見られることに関しては、既刊書に忠実にということで、御容赦願いたい。また本書全体の表記統一ということで、出版された著作の引用箇所等々に若干の修正を加えたことも、あらかじめお断りしておく）。ただし、これはあくまで「概要」なのであって、細かい内容や典拠などについては、ほとんど省略してある。それゆえ議論に飛躍があるとか、あるいはもっと詳細な議論を知りたいと思われる方がおられたなら、是非上記の諸著作を参照されたい。本章はあくまで既存の諸論攷を前提としたうえでのその要約なのだから（現在の知見からの若干の補足もあるのだが、気づかれた方がおられたなら、たいしたものである）、間違っても本章だけで筆者の見解についての最終判断をくだされぬよう、あらかじめお願いしておきたい。本章は上記六冊を通読された方にとってのみ、その大きな流れを再確認するのに役立つだろう。

つまり、もともと筆者にとって第二章は、これまでの仕事を振り返りつつ、第三章「『自然の現象学』出門」で今後の課題を析出するためにのみ、存在意義を有しているのだということになる。そして第三章は、その第一節で「自然の現象学」の基礎的諸概念――「自然」や「隠れること」といった――について、第二節でその基礎的論理――〈一と多〉や〈場所〉をめぐる――に関して、第三節で『自然の現象学』が採用してきた表現や論述の仕方――言語や諸問題構制間の連関や自説と他説との関係等々に関する――について、それぞれ「自己反省」ないしは「自己批判」、「自己破壊」を遂行しつつ、第四節で今後のわれわれの諸研究への展望を示そうとしたものである。したがって当然のことながら本章は、まだ稚拙なスケッチとか粗描とかいったものの域を超えたものではないのだということは、やはり申し添えておかねばならない。とはいえ本章を構想するなかで、或る日突然『自然の論理』、『自然の論理の根底へ』、『隠れたものの現象学』という、今後おそらく一〇年間に筆者が執筆すべき著作の題名が一挙に浮かび上がってきたということは、筆者にとっては一九九二年のインスピレーションに続く、大きな出来事であった。

それゆえ本書は、これまでの二八年とこれからのおよそ一〇年とを分かちながら結ぶ、筆者にとっては「転回」の書となるべきはずのものである。本書がどれほどの意義を有しうるのかは、それゆえ、ひとえに今後の筆者の活動にかかっているのだということになる。定年退職後の一〇年が、まだ哲学しつつ生きながらえるに足る一〇年であることを、ただ祈るばかりである。

自然の現象学入門＊目次

序

自然の現象学入門

第一章 「自然の現象学」入門

これまでわれわれは、『自然の現象学』という表題のもと、六冊の著作を公刊してきた。しかしそのさいわれわれは、「自然の現象学」とは何であるかについて、ことさらに究明しようとはしてこなかった。それゆえ以下、この第一章ではわれわれは、遅まきながら「自然の現象学」の暫定的な定義や特徴づけのようなものを、呈示してゆきたいと思う――「暫定的」というのは、われわれはまだこの仕事にどこか満ち足りぬ思いを抱いているからであり、さらなる探求の必要性を感じているからである。

ところで「自然の現象学」という名称は、大きく分けて「自然」と「現象学」という二つの部分から成り、「現象学」は「現象」と「学」という二つの契機から構成されている。それゆえ本章ではわれわれは、まず第一節で「現象学」とは何であるかについて、われわれなりの考えを呈示し、次いで第二節では「自然の現象学」に関する解明を、幾分なりとも行ってゆきたいと思う。

第一節　「現象学」とは何か

「諸現象についての学（*Wissenschaft von den Phänomenen*）」としての「現象学」に関するハイデッガー『有と時』第七節の高名なる諸分析に範を取り、本節ではわれわれは、順に「現象」、「学」、「現象学」の諸概念について——ただしハイデッガーの解釈とは多分に異なる仕方で——解明してゆくことにしたい。

(1)　「現象」について

(a)　「現象」概念の検討

「現象」とは何であるかについて問うことは、同時に、いかなるものが「非現象」と述べられうるのかについて尋ねることにもなるだろう。しかしながら、いかにしてわれわれは非現象について語りうるというのだろうか。何かについて語ることは、すでにしてその内容に関して何かを知っているということを、すなわちその何がしかが何らかの仕方で現象しているということを、含意しているのではないだろうか。

I　現象と物自体　たとえば周知のカントの区分によれば、われわれが認識しうるのは「現象（現出）」のみであって、「物自体」は、とりあえずは不可知――「われわれによっては認識されない（von uns unerkannt）」――とされている。しかしながら、われわれには認識しえないものが、それでも存在するのだということを、いったいいかにしてわれわれは知りえたのだろうか。そもそも「物自体」は「無」ではなく、それどころかそれは、それ自身は「現象」ではない〈現象の「根拠」〉とさえみなされているのである――それならば〈Aという現象〉の根拠は〈Bという現象〉の根拠とは等しくないという程度のことは、われわれにも知られているのだろう。つまり、物自体は感官の直接的対象としてではないにしても、少なくとも思惟や推論の対象としては、「現れている」のだということであり、しかも何ほどかの規定性を伴って、「現象」しているということではないだろうか。

たとえば理論的ないし思弁的理性には認識不可能な「魂の不死」、「自由」、「神の存在」にも、「純粋実践理性の諸要請」としての地位は認められている。しかし、そもそもわれわれはなぜ「魂の不死」や「自由」や「神の存在」について、語りうるのだろうか。それらは少なくとも問題的なものとしては思惟されているのだし、しかも実践的に「要請」されるべきものとして現れてさえいるのである。さらにはなぜ「純粋実践理性の諸要請」として要請されるのかについてのカントの諸議論をつぶさにたどるに、それらがかなりの程度に規定されたものとしてわれわれに知られているということに、疑問の余地はないように思われる。

Ⅱ　神

また、たとえばデカルトなどにおいても、「神」は「最高の有るもの（summum ens）」、「最も完全な有るもの（ens perfectissimus）」、「最高に完全な有るもの（ens summe perfectum）」、「最高に権能を持つ有るもの（ens summe potens）」等々と名指されている。「神のうちにあるすべてのものの一性（unitas）や単純性（simplicitas）や不可分離性（inseparabilitas）」が「神のうちにあると私〔＝デカルト〕が理解する主要な諸完全性の一つ」であり、また「神の名」によって理解されているのは、「無限な、独立した、最高に知性的な、最高に権能を有した、そしてそれによってあるいは私自身が、あるいはもし何か他のものが存在するなら、何であれ存在する他のすべてが、創造されたところの、或る実体」である。そのうえ神とは「自己原因（sui causa）」ではあっても「自己結果（*sui effectus*）」とは言われえず、その原因性は「作出因」というよりはむしろ「準作出因（quasi causa efficiens）」のそれである。さらには神にあっては「意欲すること」と「解すること」と「創造すること」とは「同じ一つのこと」であり、「理性的にさえ（*ne quidem ratione*）、一つが他に先行するなどということはない」とも述べられているのである。あるいはまた「神は自らの存在を自己から取り去る能力など有していない」、「神は〔……〕自らの全能を自己から奪い取ることなどできない」、等々——このようにデカルトは、一方では神は「不可解（*incompréhensible*）」であることをつねに強調しつつも、他方では神について、こと細かく規定することをやめない。

　デカルトによれば、われわれは「或る山」に「手で触れる」ことはできても、山を「包括（embrasser）」することができないのと同様に、神を「〔包み込むという仕方で〕理解（comprendre）」することはできない。それでも「或るものを知る」ためには、「思惟でそれに触れる」だけで「十分」なのだという。少々長くなるが、『省察』の「第五答弁」のなかの以下の言葉を、引用しておくことにしたい。「もし私が何かを理解し、たとえ私の理解するその何かが無限であっても理解するというのであれば、それは明らかに矛盾している〔……〕。なぜなら無限の観念は、真であるためには、けっして理解〔包括〕されてはならないからである。というのも、その不可解さそれ自身が、無限の形相的理由のうちに含まれているからである。そしてそれにもかかわらず、われわれの有している無限の観念が、無限の何らかの部分しか表象していないのではなくて、人間的観念によって表象されるべき仕方で、真に無限全体を表象しているということは、明らかなのである。〔……〕たとえ神のうちにあるすべてをわれわれが認識しないのだとしても、それにもかかわらず、神のうちにあるとわれわれが認識するすべては、真である」――しかし、もし「神」ないし「無限」についてわれわれが認識するすべてが「真」であるとするなら、少なくともその面は十全的に現れているのだし、またそれ以外の面に関しても、たしかにそれは「包括」しえないものとか「不可解」なものとして、現象しているのである。さもなくば、なぜデカルトは神について、かくも確信をもって語りえたのだろうか。

Ⅲ　認識の制限？

「認識の制限、欠陥」について語られるとき、そこにはすでに「全体」や「完全なもの」との「比較」がなければならないという、ヘーゲルのような考えもある。「制限」のあるところ、それが「否定」であるのは、それを比較する「第三者」にとってのことでしかなく、つまりは「或る外的な比較」にとってのことでしかない。それゆえすでにそこには「無限」や「制限されざるもの」の「現実的な現在」というものが、想定されているのである。「何かが制限、欠陥として知られるのは〔……〕ひとが同時にそれを超えて有る（darüber *hinaus* ist）ことによってのみ」なのだという――ヘーゲルの意図とは多少とも異なるかもしれないが、じっさいわれわれは、たとえば自由に関して不可知なものは自由に関する不可知なものとして、神について不可解なものは神について不可解なものとして、必ず認識しているはずではないか。ここまでは知られ、ここからは知られないと言われるとき、不可知の部分も可知的な部分に相対的な不可知の部分として、それなりの仕方で現れているのである。

なるほど「超えて‐知ること（Hinaus-*wissen*）」は、けっして「超えて有ること（hinaus*sein*）」ではないのだという、前期ハイデッガーにおいてのような批判もある。しかしながら第一に、われわれがここで問うているのは「現象」であり、つまりは「知られること」である。われわれが制限を超えて何かを知りうるというのであれば、それはそれなりの一つの現れ方である。そして第二に、ここでハイデッガーの言う「超えて有ること（hinaus*sein*）」の「有」の意味とは、何であろうか。それがまだ不明のうちは、ハイデッガーのヘーゲル批判も、その鋭さを失うであろう。われわれ自身はヘーゲル哲学全般の考え方に、基本的には同調しているわけではないのだし、たとえ「絶対知」というようなものが成立しうるのだとしても、われわれはその在処をけっして「哲学」や「概念」のうちに求めるつもりなどないのだが、しかし、われわれとしても「現象」に「制限」を設けようとするさいには、或る意味ではすでに「現象」はその「制限」を超えているという考えには、賛意を表しておきたいと思う。

Ⅳ　不可知なものの現象　つまり、「不可知なもの」は「不可知なもの」として、「不可解なもの」は「不可解なもの」として、それなりの仕方で現象しているのである。もし何かが「永遠に、絶対に、ごくわずかでも知られない」と言われるのであれば、それはそう言い切れるだけで、すでに大変な知識であろう。あるいはまた「いつかは知られるであろうが、いまはまだわずかしか知られていない」とか、「無際限に知識は増大してゆくが、結局は到達しえない知識が残る」等々と語られるのだとするなら、それらは目下そのようなものとして現象しているのである。もちろん「今後知られるとも知られないとも分からないもの」は、「今後知られるとも知られないとも分からないもの」として現れている――たしかにこのような場合、「既知」と言われうるものと、「未知」や「非知」や「不可知」と言われうるものとは、無関係ではないとはいえ、同じ仕方で現象しているとは言えないのかもしれない。しかしながら、だからといって後者を「現象」ではないと断じつつ、たとえば現象学の守備範囲から外してしまおうとするのは、かえって恣意的な態度として非難されるべきではないだろうか。

Ⅴ　隠れているものの現象　同様に、〈顕わである－隠れている〉の対も、必ずしも〈現象－非現象〉のそれと等しくはない。〈隠れているもの〉は「無」ではない――「無」であるなら、「隠れている」とさえ言われえないだろう。それゆえ「隠れている」と言われること自体が、すでに或る種の「現れ」を前提としているのである。そしてそもそも〈隠れ－隠れなさ〉という問題設定それ自身が、すぐれて現象学的な問題構制ではないだろうか。

ひとはよくハイデッガーの《eine Phänomenologie des Unscheinbaren》を、「現れないものの現象学」などと訳したりする。しかしながら《unscheinbar》は、「現れない」だろうか。いかなる意味でもまったく現れないものについて「現象学」を語るのは、形容矛盾であろう。《unscheinbar》はむしろ、「目立たぬ」ではないだろうか。つまり、目立たぬ仕方で密やかに現れているものをこそ、まず第一に主題化すべきだというのが、「現象学」についての『有と時』以来のハイデッガーの理解の基本線だったのではないだろうか。

「隠れている」ということは、少なくとも二通りの仕方で考えることができるのではないかと思われる。第一に、「隠れている」ということさえ気づかれぬままであった何かが、それが顕わとなったあとで、事後的に最初は「隠れて」いたということが露見するようなケースがある。それは「隠れている」というよりは、むしろ「隠れていた」と言われるべきであろう。しかしながら、このような露見は、何かの到来による暴露と、その暴露されたものが以前には隠れていたということの事後的な投影との、二つを前提としているように思われる。そして暴露と投影という二つの出来事は、暴露され投影される同じ特定の現象の存在を、必要としているのではないだろうか。

第二に、何かが「隠れている」ということは、全体像が完全には知られぬままに、何かが察知されているというような場合を意味しうるであろう。そのようなときわれわれは、「何か気になる」とか「怪しい」とか、あるいは「よく分からない」とか「何かを忘れているような気がする」等々と述べたりする。そしてそのような場合、いまだ完全には顕わならざるもののあからさまならざる現前が、やはり前提とされているはずである。

Ⅵ　不意打ちする現在　他人の心は分からないとよくひとは言う。しかしそれは、少なくとも「他人の心」としては理解されているのだし、「分からぬもの」としてことさらに思念されてさえいるのである。

現在は過去や未来という非現前と連続しなければ現在ではない、それゆえ現在の単一的にして独立的な現象性を否定して、「差延（différance）」すなわち「差異化」にして「遅延」を称揚するような哲学もある。しかしながら、現在の単独的存立を否定したからといって、ただちにそのことによって「遅れ」の方が強調されなければならないという理屈にはならないのだし、そもそも何かが現象する瞬間としての現在が現在としては現象しえないというのであれば、「遅延」はいったい何に対しての「遅延」なのかさえ、分からないということになってしまう。そのうえそのような主張は、各々の現在瞬間からその現象性を奪うことによって、かえって自らの論拠であったはずの「連続性」を、自ら破断してしまうことになるのではないか。

他者の異他性と未来の予測不可能性とを結びつけて、対話哲学などでは、よく「不意打ちする未来」について語られることがある。しかしながら――「隠れていること」についても類似のことが述べられたように――「不意打ち」が「不意打ち」として露見するのは、あくまで「現在」においてのことであり、そしてそれが「未来」へと投影されるとき、そのような事後的な投射は、すでに現在の現象性を前提としている。

そのように考えてゆくなら、いったいいかなる「非現象」が残存しうるというのだろうか。つまり、ともかくも「非現象」と名づけられうるほどのものであるなら、何らかの仕方での最低限の現象性を、すでに有していると言わなければならないのではないだろうか。

(b)「現象学的還元」の意味

I 「現象への還元」の二つの意味 それゆえ「現象学的還元」について考察するときにも、とりあえずそこには、少なくとも二つの意味が――「形相的還元」と「超越論的還元」の二つではなくて、「超越論的還元」すなわち「純粋意識」や「超越論的意識」への還元、あるいは「現象への還元」そのもののうちで、二つの意味が――区別されなければならないのではないかとわれわれは考える。第一の、フッサールに特有の現象学的還元においては、まず客観的な世界や客観的な学が排除される。たとえばまだ「還元」というタームを知らなかった一九〇四 - 五年の『内的時間意識の現象学講義』でも、その第一節において「客観的時間」が「遮断」され、残るは「現象学的与件（phänomenologisches Datum）」としての「内在的時間」もしくは「〝感覚された〟時間的なもの」のみである。たしかに後期の或る別の著作〔『ヨーロッパ諸学の危機と超越論的現象学』〕では、「超越論的現象への世界〝の〟還元」によって代表されるような「現象学的態度全体」は、「宗教的回心（religiöse Umkehrung）」にも比肩すべき「まったき人格的変化」を引き起こすように呼び求められているのだと言われてもいて、フッサール流の還元は、同じ世界の別様に一新された見方というものを指し示しているのだと、読み取れなくもないのかもしれない。しかしながらフッサールは、基本的には「現象学的残余（phänomenologisches Residuum）」というような考えを堅持しているのであって、つまりは遮断されるものが一方にあるのだとするなら、他方には「現象」として妥当せしめられるものが残るという構図が、維持されているのだということになる。

われわれの考える現象学的還元によれば、一切はそのまま「現象」とみなされる。つまり、たとえば客観的時間は客観的時間として、自然科学的実在は自然科学的実在として、物自体は物自体として、不可侵にして不可解なる神は不可侵にして不可解なる神として、そのようなものとして現れているのである。それゆえ「現象」は、けっして「残余」という仕方で確保されるべきものではない。それは事象の捉え方の問題なのであって、その意味においてこそ、すべては「現象」へと「還元」されるのである。

Ⅱ　完全な還元の不可能性？

それゆえメルロ＝ポンティのように「還元の最大の教えは、完全な還元の不可能性である」と語るとき、われわれはそこに、メルロ＝ポンティとは別の意味ないし意義を認めることができるのではないかと考えている。つまりわれわれは、メルロ＝ポンティのように、意識が構成する以前の素朴な世界、自然的態度に現れるがままの世界を、完全に遮断し尽くすことなどできない、とのみ考えているわけではない。「完全な還元」が不可能なのは、もともと「還元」以前の世界それ自身も、それなりの仕方でやはり「現象」だったからではないだろうか。フッサール的な「還元」とは、じつは何らかの非現象から現象への還元ではなくて、どこまでも「現象から現象への還元」なのである。それゆえ「還元」によって初めて純然たる「現象」が確保されるなどというような考えは、結局は「不完全」なままに留まるほかない――それはむしろ「現象」概念の闡明の不徹底のゆえにこそ、「不完全」なのである。

Ⅲ 「現象から現象への還元」の意味

それゆえ一切は「現象」となる。「現象学」とはほんらい伝統的な「哲学」から或る特定の諸問題を遮断して、或る特定の他の諸問題だけを残余たらしめるような哲学ではない。それは哲学そのものであり、ただし一切を「現象」という資格で取り扱おうとする哲学なのである。

しかし、それではなぜ――たとえ不完全にであったとしても――相変わらず「還元」というものが必要とされてくるのだろうか。それはもちろん、「現象から現象への還元」について語られるとき、前者の「現象」と後者の「現象」とでは、現象のステイタスが、すなわちその各々の現象の現象性が、異なるからである。現象学はそれらの現象性の相違について、自覚的に考察するのでなければならない。それゆえ「現象学」が「諸現象についての学」だと述べられるとき、そこにはその「対象」の無際限の広がりとともに、その対象への固有のアプローチの仕方という「方法」が、ともに考えられている、つまりは自覚的に「反省」されているのである。

しかし「現象学」について考察するまえに、まず「学」について、ここで必要とされるかぎりでの最低限の考察を、加えておくことにしよう。

(2) 「学」について

「現象のステイタス」もしくは「現象の現象性」という観点だけから「学」について考察するのだとしても、学一般に関しては、すでに幾つかの特徴を挙げることができる。ここではそのような観点から見られた「学」の諸規定と、同じくそのような観点から見られた「学」の諸前提とについて、概括的に述べておくことにしたい。

(a) 「学」の諸規定

「学」の諸規定に関してとりあえずここで挙示しておきたいのは、(I)学は「対象化(表象)」する、(II)学は「主題化」する、(III)学は「理念化」する、(IV)学は「反省」する、以上の四点である。

I　学は対象化(表象)する　学が「対象化」し「表象」するということに、疑問の余地はないように思われる。数学者は数学的「対象」を「表象」し、生物学者は生物や生命現象そのものを「対象化

（表象）」する——学者の意識はその対象と密接な関係を保つが、しかし「意識するもの」と「意識されるもの」、「主観」と「客観（対象）」は、同一ではない。緊密な相関関係と区別とから成るこのような「二項関係」もしくは「主客関係」を「志向性」と呼ぶのだとするなら、学的意識は、基本的には志向性から構成されている。もちろん若き西田の「純粋経験」にもあるように、学者が自らの仕事に没頭して「我」を忘れ、主客未分・主客合一の境地に達するというようなことが、絶対にないとは言い切れないのかもしれない。しかし、学者の生活と学の有り方とは、あるいは少なくとも学者の生活のなかの或る特権的な諸瞬間と学の基本的にして通常的な有り方とは、自ずから区別されるのでなければならない。「学」たるかぎりでの「学」が基本的には「対象化」の構図を堅持しつつ主客関係を維持するということは、否定できないように思われる。

「学」だけが対象化を行うわけではない。たとえばもし「見る者」と「見られるもの」との区別ならびに相関関係から成るものを「視覚」と呼ぶことが許されるのだとするなら、そのような視覚は「志向性」から成り立っている。またフッサールの「過去把持」において「把持」されるものは、ことさらに強く意識された対象としての「過去」ではないのだと主張する者も、多々いるのかもしれないが、しかし、たとえことさらに反省された「過去」ではないにしても、「過去把持」が真に「過去把持」であって「原印象」や「原意識」とは異なるかぎりにおいて、把持されるのはやはり「現在」からは区別されるべき「過去」であり、依然として「過去把持」が「志向性」であり続けることに変わりはない。

とりわけ「学」は、或る強い意味で「対象化」を行うのでなければ、「学」として存立しえないだろう。たとえその学が「哲学」であったとしても、「学」としての哲学は——人生そのものが「哲学」なのだというような言い方でもしないかぎり——やはり「表象」し、「対象化」を実践する。それゆえ、たとえばフッサールの『ヨーロッパ諸学の危機と超越論的現象学』のように、ヨーロッパの従前の「客観的学」の「客観主義」を公然と非難するようなケースにおいてさえ、そのようなフッサールの言葉自体が行っているのは、すでにして一種の「対象化」であり、「表象」であることに変わりはない——もっとも次項でも述べるように、真の問題は、それとは別のところにあるのだが。

Ⅱ　学は主題化する

学一般はそのうえ、自らの対象をあからさまに「主題化」する。数学は数を主題化し、歴史学は歴史的諸事象を主題化する。雑学は雑多なものを主題化するからこそ雑学なのであり、現象学といえども諸現象を主題化する。「哲学」は何を主題化するのだろうか。いま述べたように、人生そのものが哲学なのだとでも言い出さないかぎり、たとえば「有論」が「有」を主題化し、「美学」が「美」を主題化することに、変わりはない。理論哲学は理論的なことどもを、実践哲学は実践に関わることどもを。哲学とは「知の愛」だと述べたり「学〔知〕」そのものだと語ったりするさいにも、主題化されるものはある。

「主題化」とは「対象化」の一部ではあっても、「対象化」とただちに等しくはない。「主題化」にはもちろん「主題的なもの」と「非主題的なもの」との区別が含意されているのであって、それゆえにこそ「すべてを主題化する」などということは、言葉のうえでは容易でも、現実的にはほとんど戯言に等しい。それは「いたるところが中心である円」が存在すると言うようなものなのだから、たとえ比喩的に、たとえば宗教家の生活にそのような心境が指摘されうるようなことがあるのだとしても、「学」や、そのうえ学以前のわれわれの日常的な有り方においてさえ、「中心」と「周縁」の存在の区別を否認することは難しい。

なぜなら「学」だけが主題化を行うわけではなく、たとえばわれわれの「視覚」においても、ふつうは「中心‐周縁」構造が堅持されているからである。「顕在的‐潜在的」、「主‐従」、「本‐末」といった区別は学以外・学以前にもいたるところで見出されるのであって、現象学などでも「現前‐付帯現前」の区別や「地平構造」の存在は、ごくふつうに指摘されている。それはわれわれの意識の一つの基本構造なのである。

とりわけ「学」の主題化は、変遷絶え間なき日常的視覚や日常的思考の比ではない。むしろこれぞ「主題化」とも言うべき主題化は、「学」においてこそ見出されるのだと言っても過言ではないだろう。

Ⅲ　学は理念化する　学はさらに「理念化」を行う。学が主題化する対象は、少なくとも「言語化」や「記号化〔数値化のような〕」されなければ、「学」の名に値する「学」の構成分とはなりえない。もちろん「具体的」たることを標榜する諸学も、たとえば自然科学に対する人文科学のように、存在しないわけではないだろう。しかしながら、たとえば歴史学が物理学より具体的だからといって、そこにいかなる意味での「抽象化」も働いていないなどとは絶対に言えないのであって、そもそも「言語化」しない歴史学などというものは、存在しえない。仮に将来人類の科学技術が発達して、何らかの出来事を克明に、あらゆる角度から記録するような映像などというものが出現したのだとしても、たんに映像が流れただけでは、「学」とはならない——映像データにも、もちろん解説や説明は付く。

「学」以前にも「理念化」は存在する。少なくとも「言語化」は、むしろわれわれの円滑な日常生活のための必須条件でさえある。椅子を見てただ刻一刻と変化してゆくその相貌に見惚れるだけで、そこに「椅子」という理念的意味を見て取ることのできないような者は、その文化圏のなかで生きてゆくことができない。それゆえフッサールが「本質直観」とか「本質観取」とか「理念視」とか呼んでいるものは、すでに日常生活のいたるところに現存している。

「学」の行う理念化は、少なくとも日常生活の理念化以上には、統制された理念化である。それゆえそれは、ときとして術語化や法則化を伴う。フッサールの「形相的還元」は、或る意味では「学」の立場をよく表している。それゆえ「生活世界」を主題化するようになる後期フッサールの方が、中期のフッサールより「形相的還元」を強調しなくなってしまうことに、不思議はない。そしてたしかに「学」は「理念化」を行うが、しかし「理念化」されたものだけで「学」が成り立つわけではないということも、学は知っておかねばならない。そのことについて学は自覚的であるべきだし、学の行う固有の理念化に対しても、もちろん学は、同時に自覚的でなければならない——つまり、「学」は「反省」するのでなければならない。

Ⅳ　学は反省する

学は自らが「対象化」し「主題化」し「理念化」しているのだということを、つねに自覚し、「反省」しているのでなければならない。それが素朴な態度と学的態度との決定的なちがいであり、ときとして学において「方法論的意識」が活発になるゆえんでもある。

「学」以前にも、もちろんわれわれは自らの行為について、ことさらに反省を行うことがある。それゆえいわゆる「自然的態度」のなかにも、「反省」の契機は多々含まれている。よくフッサールの「自然的態度」はあくまで自然的なのであって、超越論的次元のことなど何も知らないのだから、自然的態度には「現象学的還元を遂行すべく〝強制する〟ような動機づけ」など存在しない、それゆえ「現象学的還元は、自己自身を前提する」などと主張されたりすることもあるようだが、しかし、われわれにはそれは、真の問題のかたわらを通りすぎた議論でしかないように思われる。「超越論的態度」を促す諸動機は、「自然的態度」のなかに溢れている。真の問題とはむしろ、そもそもいかにしてひとは「反省」などというものを遂行しうるのかということではないだろうか。われわれとしては、積極的で措定的な意味での「反省」を、意識の最も根源的な有り方とみなすつもりなどないのだが、しかしそのような「反省」の出現には、「対象化」や「志向性」の出現と同様に、何か別のものからは派生しえないという意味での或る種の根源性は、認めておかねばならないであろうとは述べておきたい。

「学」の反省は、われわれの日常生活のなかでの自然的態度における「反省」から生い育つ。しかしそれは、日常的な反省とはちがって、いっそう恒常的かつ統一的ないしは統制的であり、また方法論的であるべきである。

(b)「学」の諸前提

そのような「学」は、当然のことながら「無」から生まれるのではなく、学以前の様々な事柄を前提として初めて成り立つ。先の四つの観点の順序を逆にして述べるなら、(I)学の行う「反省」は「未反省的なもの」を前提としており、(II)学の行う「理念化」には「理念化以前のもの」が先立ち、(III)学的「主題化」も「非主題的なもの」を基盤として初めて成立し、そして(IV)学によって「対象化」されるものがもともと「対象的な有り方」を有していたと断定することなどできない。

I　反省は未反省的なものを前提とする　学的「反省」のみならず、通常の意味での「反省」一般が「未反省的なもの」もしくは「非反省的なもの」を前提としているということは、「反省」の定義からしても明らかだろう。なぜなら「反省」とはふつう、「あとから振り返ること」であり、「自らの行為を顧みること」だからである。反省哲学を批判しつつ、メルロ＝ポンティがよく強調していたように、そのような意味では「反省」とは「未反省的なものについての反省」であり、「反省以前的なものについての反省」である。

反省は、「経験」についての反省であるとともに、「経験されたもの」についての反省でもある。それゆえ反省は、「自己についての反省」であるとともに「世界についての反省」であり、したがってそのような反省の以前には、「反省されざる自己」と「反省されざる世界」とが現存している。そしてそのことは「学的態度」において行われる反省について妥当するのみならず、すでに「自然的態度」のなかで行われている反省についても当てはまる。学問としてではなくても、われわれは日々自らの行為について反省し、自分の住む世界について反省する。それは反省以前の自己や世界を、よりよく理解するためでもあるのだが、もちろん自らの行う「反省」が「反省以前的なもの」を正しく反映しているか否かは、また別問題である。

「学的反省」は、学的行為についての方法論的反省を含むとともに、主題化されるべき世界についての反省をも含む。それは素朴な生における自己や世界についての反省についてのさらなる反省をも包含しうるが、素朴な生において未反省であった自己や世界についての反省をも含む。つまり学的反省は、「無自覚的な学」における反省の段階を超えて、「無自覚的な学」とさえ言えず・学とは無縁で素朴な反省的生の段階を介して、未反省的な生をも前提としているのでなければならない。

Ⅱ　理念化は理念化以前的なものを前提とする

たとえば言語化には言語化以前のものが——言語化しえないものも含めて——先立つ。「語りえないもの」という表現は言葉があって初めて成り立つ表現なのだから、「語りえないもの」でさえ言語を前提としているのだと主張するような立場もたしかにある。しかしながら、それは言語という既存の枠組の方から見られ語られた、文字通り一方的な主張なのであって、われわれの具体的意識は、けっして「言語的意識」や「本質直観的意識」に限定されているわけではない。たとえば《モナリザ》を見たことのない者に百万の語を費やして《モナリザ》を記述して示したとしても、そのような記述によって得られる経験は、けっして《モナリザ》を見たことのある人間の経験と等しくはならない。それは「赤」や「青」を見たことのない人間に「赤」や「青」の波長や周波数を述べたところで、たいして意味を持たないのと同断である。いつか科学が発達して、われわれの見るもの・聞くものを完全に数値化することができるようになったのだとしても、それはあくまで見たもの・聞かれたものを何らかの仕方で再現するための手段として役立つということだけなのであって、そうしたデータが視覚的経験や聴覚的経験の経験的等価物となることなどありえない。

もともと「シグナル」としての用途しか持っていないはずの信号機では、われわれはそこに「進め」とか「止まれ」とかいった記号的意味を読み取りさえすればよいのであって、その日の「赤」や「青」の固有の美しさにじっと見惚れるなどということは、まずない。しかしながら、信号機が電球からLEDに変わったときには、われわれはただちにその色彩のニュアンスの変化に気づく。つまりわれわれの日常生活においてさえ、われわれの意識はけっして記号的意識や言語的意識だけに汲み尽くされているわけではないのである。

とりわけ「学」的な理念化は、学的理念化以前の世界を——あらゆる理念化以前の世界も含めて——前提としている。繰り返すが、学的世界はけっして「無」から生まれたのではない。学が究極の要素と究極の法則とに到達したと自惚れるであろう瞬間においてさえ、はたしてその究極のものが本当に妥当しているのか否かを検証することが必要となる場合には、学は学以前的なこの現実の世界においてこそ、検証の作業を行うのでなければならないだろう――さもなくばその学的世界は、現実とは何の関係もない空疎な世界でしかなくなってしまう。

Ⅲ　主題化は非主題的なものを前提とする

中心は周縁がなければ中心ではないのだし、すべてが平等に現前している意識などというものは、昏睡状態の無意識に等しい――少なくともそれは、「学」ではない。そのうえ何かにスポットライトを当てる以前には、昏い部分がなければならなかったはずだし、スポットライトが何かに当てられたあとにも、影の部分は残る。「主題的なもの」について語るためには、「非主題的なもの」がなければならない。一切は「現象」なのだと述べるさいにも、いかなる現象が第一に主題化されるべきなのか等々ともしわれわれが問うとするなら、〈主題的‐非主題的〉の構造は堅持されている。

しかし「学」の主題化の場合には、そのような〈中心‐周縁〉という意味での「主題的なもの」と「非主題的なもの」の存在のみならず、中心となるべきはずのものにおいてさえ、「主題的なもの」と「非主題的なもの」との区別が存続しているように思われる。たとえばハイデッガーの『有と時』における「有論」の試みの場合、「有論的（ontologisch）」な有の理解は、「前有論的（vorontologisch）」な有の理解を前提としなければ、始まらない。経験的諸学といえども、学はその主題とすべき対象についての学以前的な、そしてその意味では非主題的な理解なり通念なりを、必然的に前提としている――「学以前的」という言い方は、すでに「学」から見た、いわば目的論的な述べ方なのであって、ここではふさわしくないのかもしれない。いずれにせよ〈ことさらに〉何かを主題化するためには、〈ことさらならざるもの〉が先に存在しているのでなければならない。何度も言うように、学は「無」からは成立しえないのであって、そのような意味においては、学はけっして自立などしていないのである。

Ⅳ　対象化されるものがもともと対象的な有り方をしていたとはかぎらない　最後に学が「対象化」し「表象」しようとするものが、もともと「対象」にして「表象」という有り方を有していたということは、おおいにありうることではあるのだが、しかし、だからといって学の対象化すべきものがすべて対象という有り方を持っており、表象というステイタスを有していたと断定するのは、性急であろう。そもそも「対象」というのは、それを表象する主観ないし主体を前提とした相対的な概念でしかない。それゆえ〈意識するもの－意識されるもの〉もしくは〈主観－客観〉の相関関係について語りえて、それどころか語らざるをえないのだとしてさえ、そのときわれわれは「意識するもの」や「主観」を、つまりはもともと「対象」ではなかったものを、ここではことさらに対象化し、表象しているのだということになる。そのことだけをもってしても、すべての学の対象がもともと対象という有り方をしたものであると言うことは、はっきりと間違いである。

そのうえわれわれは、先に西田哲学における「純粋経験」にも触れた。「主客未分」や「主客合一」

は、もともと主客問題にはうるさい哲学においてさえ――あるいはむしろそのような哲学であるからこそ――少なくとも可能性としては存続する。そのうえミシェル・アンリのように、「感情」や「情感性」のうちに、西田の純粋経験にも似た「内在」や「自己‐触発」の実質を認める現象学者さえいる。その他、自己経験や自己体験、シェーラーにおける「一体感（Einsfühlung）」などのことを想い起こすなら、少なくとも頭ごなしに非対象の存在を否定してしまうのは、むしろ非哲学的な一つの先入見と言うべきであろう。

表象には表象だけでは表象を説明できないという、いわゆる「表象主義のパラドックス」と呼ばれるものもある。それゆえわれわれとしては、ここでは断定的な言い方は避けつつ、「学の対象とされるものがもともと対象的な有り方をしていたとはかぎらない」と述べているのである。

V　より根源的な現象とより根源的でない現象と

そしてもし学や学の現すものをも一つの「現象」と呼びなすのであれば、そしてまた「前提」ということの意味をここでは強く取るなら、われわれはすでに「より根源的な現象」と「より根源的でない現象」とを区別しているのだということになる。

「学」は「学以前的なもの」を「前提」とする――もちろん逆の見方というものも成り立ちうるであろう。学以前のあやふやな知識は、学によって初めて基礎づけられるのでなければならない――しばしば科学主義者たちによって主張されるそのような言明は、しかし、それなりの仕方で「より根源的な現象（＝科学的実在）」と「より根源的でない現象（＝現実世界〉」とを区別しているのだと言うこともできる。さらにはまた別の立場から、〈根源的－非根源的〉の対が、すでにして疑わしいのだと主張する者さえいるのかもしれない――しかしながら、そのように主張する者は、結局のところ〈根源的－非根源的の対の肯定〉に対する〈根源的－非根源的の対の否定〉の根源性を唱えることによって、〈根源的－非根源的〉の図式をメタレヴェルで反復しつつ、自己破壊してしまうことになるのではないだろうか。そしてなぜわれわれ自身がいまここで、このような〈根源的－非根源的〉の図式をことさらに強調しなければならないのか、そのことについては、のちほどまた説明する。

(3)「現象学」について

「現象学」も「諸現象についての学」であるからには、「現象」についての諸規定と「学」についての諸規定とを、併せ持っているのでなければならない。しかるに哲学としての現象学には、その歴史的背景も含めて、たんに「現象」と「学」との合成だけでは片づけられない諸問題が、当然のことながら含まれてくる。

Ⅰ　「対象」概念・「方法」概念・「反省」概念としての「現象学」　まず、一切は「現象」となりうるのであるからには、それは現象学の「対象」となりうる。『有と時』においてハイデッガーは、「有論」と「現象学」とは、それぞれ「哲学それ自身」を「対象」と「取り扱い方」とにしたがって特徴づけると主張しつつ、「現象学」を一つの「方法概念」とみなしたのだが、しかしもちろん「現象学」は、一つの「対象」概念でもありうるのだということになる。

けれども「現象学」は、「諸現象についての学」として、現象たるかぎりでの現象を、ことさらに主題化するのでなければならない。すなわち、現象の現象性とは、いかなるものであるのか。あるいは、そもそも何かが現れるということは、どういうことなのか。つまり現象学は、現象に着目すると同時に、その現れ方にも留意するのでなければならない。フッサールの『ヨーロッパ諸学の危機と超越論的現象学』第三八節の言葉を借りて述べるなら、現象学は「所与仕方〔Gegebenheitsweisen 与えられ方〕のいかに（*Wie*）」を熟慮し、「諸々の有るものそれ自身（die Onta selbst）」を検討するときにも、それらを「それらのいかに（*Wie*）における諸客観（Objekte）」として考察するのでなければならない。つまり、問題とされているのは、それらの「現出の仕方〔Erscheinungsweisen 現れ方〕」なのである。

それゆえ現象学は、その「対象」たる現象を考察するときには、同時にその現れ方の「いかに」に着目しなければならないという「方法」論を取る。「現象学」は「対象」概念であるとともに、「方法」概念でもある。あるいはむしろ、それはその特異なる「対象」規定のゆえに、或る特定の「方法」概念となる。そしてそのことを、「学」としての現象学は、はっきりと自覚しているのでなければならない。またそのさい現象学は、学として自らが認めなければならない諸前提のことを――対象化以前、主題化以前、理念化以前の有り方をしているかもしれない諸現象を、それでもその現れ方の「いかに」とともに、対象化し主題化し理念化してゆかなければならない、等々のことを——併せて考慮に入れるのでなければならない。かくして現象学は、「反省」概念でもあり、それ自身にとっての対象的・主題的・理念的な「現象」ともなる。「現象学」は「対象」概念であり、「方法」概念であり、「反省」概念でもあるわけである。

Ⅱ　根源的な現れ方と非根源的な現れ方

このようにして現象学は、自らが対象として考察する現象の現れ方のみならず、自らが学として遂行する現し方も、つまりは学としての自らの現象〈＝いわゆる学的世界〉とその現れ方も、同時に考察しなければならないのである。メルロ＝ポンティの語っている「現象の現象」や「現象学の現象学」は、このような意味で理解することもできるのではないだろうか。

しかしもしそうなら、現象学は少なくとも二つの現れ方を、すでにして区別しているのだということになる。すなわち「学以前的なもの」の現れ方と「学的なもの」の現れ方とである。もちろん現象学はあらゆる現象を主題化しうるのであるからには、現象学が「学的なもの」を学的に考察するケースもたしかに存在しうるわけだし、現にわれわれも、いまそれを行っているところである。しかしながら、現象学があらゆる現象を主題化しうるかぎりは、逆にその対象が「学以前的なもの」であるケースも当然含まれていなければならないはずだし、むしろそのことの方が多いはずである。また〈現象学が対象とするものの現れ方〉と〈現象学それ自身の現れ方・現し方〉とが程度問題でしかないような——たとえばいわゆる「機能しつつある志向性」と「作用志向性」とのあいだのような——場合も考えられえようが、しかし両者のあいだに根源的な差異が、本性上の区別さえ存在するようなケースも、もちろん想定されうる。

多くの現れ方を区別するということも、当然のことながら、現象学の重要な課題となってくる。すでに現象学というものの存在自体が、複数の現れ方の区別を要請しているのである。そしてもし幾つかの現れ方が現に認められているのだとするなら、いったいそのなかでどのような現れ方が、第一に主題化されるべき根源的な現れ方なのだろうか。

或る現れ方をするものたちを、或る同一の平面上に置くのであれば、他の現れ方をするものたちは、或る別の平面のうえに置かれることになる。「場所」は複数存在しうる。そしてもしいま考察したように、学的な現れ方が学以前的な現れ方を、少なくとも時間的《クロノロジック》には前提せざるをえないのだとするなら、複数の場所の関係についての問いは、発生論的な問いとなるだろう。しかし、先にも示唆しておいたように、〈根源的‐非根源的〉の関係については、様々な見解が予想されうる。

Ⅲ 「還元」についての様々な考え方

つまり、仮に「根源的なもの」に連れ戻してそこから何かを構成ないし再構成しようとするさいの「連れ戻し」の作業を「還元」と呼ぶのだとするなら、たとえば或る種の自然科学は、万物を素粒子等のいわゆる科学的実在とそれらの基本的な運動法則へと「還元」しておいて、そこからわれわれの見る現実世界を再構成しようとする。あるいは或る特定の立場からのカント解釈にしたがって、「物自体」が心性を「触発」して「現象〔現出〕」を生み出すと考えるのだとするなら、物自体は現象〈現出〉の「根拠」とみなされて、われわれはそこに〈物自体への還元〉と〈そこからの現象・現出の再構成〉を認めることができるのかもしれない。逆に、たとえばフッサール現象学なら、とりあえずすべては意識対象（ノエマ）とそれを意識する作用（ノエシス）や、意識作用の当体としての超越論的自我へと「還元」されて、伝統的な形而上学的諸問題も、そこから出発して再考されることとなるだろう。あるいはまたマッハなどにおいては、物的なものも心的なものも結局は「感覚」ないし「要素」に還元され、そこからすべてが説明されるのだということになる。

たとえば知性や悟性によって抽象的に思考され、推論されたものこそが、真の実在だとする考え方もあれば、逆に感覚ないし知覚されたものの方が先だという立場も、当然のことながら存在しうる。アリストテレス以来、哲学では有名な「われわれにとって先《プロテロン・プロス・ヘーマース》」と「本性において先《プロテロン・テー・ピュセイ》」とをめぐる諸議論も含めて、この種の議論はつねに難しく、様々な立場やそれらの立場からの〈諸解釈の葛藤〉を招来する。

われわれは、一切は「現象」に還元されると述べた。しかし「現象」にもその「現れ方」にも、多くがあるとも付け加えた。そしていったいどのような「現象」を「根源的」なものとみなして他の諸現象の「根拠」に置くのかにしたがって、多くの立場が――学一般においてだけでなく、哲学それ自身においてさえ――認められるのだということになる。つまり「還元」は、「現象への還元」だけでは終わらない。それはいっそう根源的なものを求めて、「さらなる還元」を要求してくるのである。

それでは「現象学」は、どのような「現象」を根拠とし、そしてどのような「現れ方」を出発点として、それを他の諸現象の根底に置かなければならないのだろうか。

Ⅳ　現象学的な「還元」への問い　このように問うことによって、われわれはすでに、一つの立場を選択すべく迫られているのだということになる。「現象学」は、けっして無前提の思索ではない。それは自らを「諸現象についての学」と言明することによって、すでに一定の見方を採択してしまっているのである。

一切を「現象」へと還元するということが、すでにして或る一つの現象学が採る固有の道である。しかしそこにはすでに複数の「現象」ないしその「現れ方」が、認められているのであった。それではそのような諸現象のなかから、われわれはさらにどのような「還元」を行って、いっそう根源的な現象を見出すべきなのだろうか。つまり最も現象学にふさわしい現象学的還元とは、いかなる還元なのだろうか。また「現象」についてことさらに注目しなければならない現象学が、最も根源的とみなさなければならない現象の現れ方、つまりはそこへと還元すべき現象の現れ方とは、いったいどのような現出仕方なのだろうか。たとえば他の現れ方や現し方には還元されず、依存さえしないような現れ方とは、いかなる現れ方なのだろうか。

何かが他の何かによって現象せしめられるのであれば、後者が前者よりいっそう根源的であると考えることができる。しかしこの第二者がさらに第三者によって現象せしめられるなら、第三者の方がさらに根源的だということになって、われわれは哲学ではつねに目撃するような、一種の無限遡行に陥ってしまうことになるだろう。それゆえもし現象学がそこから出発すべき何らかの「現象」が存在するなら、それは他の何かによって現象せしめられるようなものであってはならない。それは「自ずから」現象するのでなければならない。しかしながら、「自ずから現れる」とは、まさに「自然」の現れ方ではないだろうか。

第二節　「自然の現象学」とは何か

そこで次にわれわれは、「自然の現象学」について説明してゆかなければならない。ところで本章冒頭でも述べたように、「現象学」が「現象」と「学」とから構成されていたように、「自然の現象学」は「自然」と「現象学」とから成り立っている。そして「現象学」についてはこれまでわれわれも究明を試みてきたわけなのだから、本節ではわれわれは、まず「自然」とは何かについての解明から――もちろんすでにして現象学的な解明から――出発するのでなければならない。その後にわれわれは、特にその「現れ方」に着目しつつ、「自然」と「現象学」との関係について考察し、最後に「自然の現象学」の暫定的な定義、その可能性、その限界、その必要性、その課題などについて、いささかなりとも明らかにしてゆくことにしたい。

(1)「自然」について

「自然」とは何であろうか。(a)われわれはまず、たとえ暫定的にではあろうとも、その定義を試みようとするのでなければならない。(b)しかし「自然」の特異なる現れ方は、われわれに或る一つの考え方の基礎について、つまりは或る一つの論理について、再考する機会を与えてくれるであろう。(c)そしてそれは、当然のことながら、「自然」と対比されるのをつねとする「歴史」や「文化」との現れ方の相違についても、論理的かつ現象学的に考察し直す機縁ともなる。(d)さらに「自然」は、「自然体」や「無為自然」などとも言われるように、われわれの生き方に関しても、若干の示唆を与えてくれるのではないだろうか。

(a)「自ずから立ち現れるもの」としての「自然」

われわれはここで、「自然」を意味するギリシア語の「ピュシス」を、ハイデッガーがつねに「自ずから立ち現れるもの」と規定し続けてきたということを参照することから、始めたいと思う。

I 「自ずから然り」

日本語でも「自然」という言葉は、「自ずから然り」と読むことができる。これを親鸞の「自然法爾」においてのように、「自ずから然らしめる」もしくは「自ずから然らしむる」と読むこともあるようだが、われわれはここではそのような読み方は取らない。「然らしめる」のなかに含まれている使役の助動詞「しめる」は、ドイツ語の lassen やフランス語の laisser の意味合いを帯びて、また新たなる諸問題を引き起こしてしまう。われわれがここで言いたいのは、自然とは「自ずから立ち現れしめられるもの」だということではけっしてなくて、端的に「自ずから立ち現れるもの」だということである。

　通俗的に言うなら、ふつう、それは「自然」が人為的・人工的に生み出されたものではなく、自ずから生い育つものだということを意味している。たとえば前期ハイデッガーの或る講義では、ピュシスに本質的なのは「人間や神々の助力なしに、自ずから（von ihm selbst her）つねにすでに直前的に有ること」だと述べられている。ピュシスとは「われわれがそれを制作することなく、われわれの助力なしに、自ずから（von selbst）姿を現したもの」である。またメルロ＝ポンティにしたがうなら、自然とは「人間によって創設されるのではない」ような「本元的なもの（le primordial）」、すなわち「構築‐されないもの（le non-construit）、創設‐されないもの（le non-institué）」である。人間は、道具や文化的諸対象なら人工的に作り出すことができるが、自然そのものを作り出すことなどできない――現代のバイオテクノロジーが新しい生命体を作り出すかのように思われるさいの素朴な恐怖感は、そのことにも由来しようが、しかし、厳密に言えばバイオテクノロジーは、生物の生い育つ基礎的な力を利用しつつ、そこに若干の修正を加えているにすぎない――。あるいは前期ハイデッガー風に語るなら、現有（主観）は世界を企投することによって、そのなかでたとえば道具を発見することができるという意味で、「オントローギッシュ（有論的）」には「創造的」でありえても、「オンティッシュ（有るもの的）」にはけっして

「創造的」ではありえないのである。

人工物は人間によって出現せしめられるが、自然は自ずから立ち現れる。自然が神によって出現せしめられると考えられるのは、ユダヤ‐キリスト教的な「無からの創造」の伝統においてである。

Ⅱ 「現れるもの」と「現れさせるもの」との一致と乖離

けれどもわれわれは、「自ずから然り」もしくは「自ずから立ち現れる」という「自然」の現れ方の意味を、現象学的に捉え直したいと思う。つまり、たとえば文化対象などは、その文化圏に所属する人間の、まさしく相互主観的な文化的意識によって「現れしめられる」のだが、それとは逆に、自然は「自ずから立ち現れる」のだということである。「現れるもの」は、それを「現れさせるもの」もしくは「現れしめるもの」によって初めて「現れる」のだというケースも、もちろんある。というより、それが通常のケースである。しかし、もし「自然」は「自ずから立ち現れる」とわれわれが述べうるのだとするなら、われわれがそこで意味しているのは、自然においては「現れるもの」と「現れさせるもの」とを、区別することができないということである。

現象には、それが立ち現れるための「可能性の条件」を求めることができる場合がある。それは超越論的意識であったり、あるいはまたアプリオリな地平であったりする。しかし、もし現象が、それとは区別された或る別のものによって初めて現象たらしめられるのだとするなら、今度はこの後者がいかにして「現象」するのかが、あらためて問われることになろう。カント的な言い方をするなら、もし経験や経験の対象が或る「可能性の条件」のもとにあることによってのみ経験や経験の対象たりうるのだとすれば、今度はこの「可能性の条件」それ自身は、いったいいかにして「経験」されうるのだろうか。
他によって現れしめられるのではなく、自ずから立ち現れるということは、いかなる条件下にもなく現れるということを、つまりは無条件的かつ無制約に現象するということを、意味している。それゆえもし「自然」が真に「自ずから立ち現れるもの」たりうるのだとするなら、それが現象学の特権的対象とみなされうるのだとしても、そこに何の不思議もない。それはむしろ当然のことであろう。

学の行う対象化（表象）、主題化、理念化、反省は、いずれも「現れるもの」と「現れさせるもの」との乖離を前提としている。ゆえに自然についての学は存在しえても、自然的な学などというものは、存在しえない。ミシェル・アンリは「顕現せしめるもの」と「顕現せしめられるもの」とのあいだのこのような乖離もしくは不一致を、「現象学的距たり」と呼んでいる。このような「距たり」をまずもって特徴づけているのは、或る項と或る別の項とのあいだに介在する第三者の存在のことではなくて、端的に二項関係である。そしてこのような「現象学的距たり」によって特徴づけられるものとして最も頻繁に引き合いに出されるのが、フッサールを嚆矢とする現象学における「志向性」という考えと、前期ハイデッガーによって代表されるような「超越」の考えとである。

Ⅲ 「志向性」の場合

「意識とは、何ものかについての意識である」——志向性はこの「何ものかについて」のなかの「について」に或る特別な意味を付与することによって、「意識するもの」と「意識されるもの」との乖離を強調する。それは「ノエシス（意識作用）」と「ノエマ（意識対象）」とのあいだの区別であり、まさしく「主観‐客観」もしくは「主‐客」という名の二項関係である。志向性は、両項の緊密な相関関係を名指すとともに、それらの厳然たる区別をも指し示す。

ところで意識の志向性において「現象」たらしめられるのは、「意識するもの」ではなくて、「意識されるもの」の方である。したがってそれは「自ずから立ち現れるもの」ではなく、「他によって現れしめられるもの」である。そしてこの場合の「他」が、まさしく意識作用であり、主観である。しかし、それでは今度はこの主観は、いかにして現れるのだろうか。もしそれが、それを反省する意識によって現象化せしめられるというのであれば、究極の主観とは「反省され・現象化せしめられる」側の主観ではなく、「反省し・現象化せしめている」側の主観である――つまり、いまはまだ現象化せしめられていない主観である。それゆえ「志向性」という現象化の体制しか認めないかぎり、われわれはいつまで経っても真の自己意識には到達しえないことになってしまうであろう。しかし、それではわれわれは、いかにして「意識作用」や「意識するもの」について語りうるのだろうか。そしてそもそも「志向性」について正当に語りうるのだろうか。

志向性の立場に立つかぎり、志向性それ自身は非現象となる。それゆえわれわれは、意識の別の有り方を探るか、さもなくば、現象学は抽象的思惟〔推論等々〕にとってしか現れない現象に基づいてのみ志向的現象について語りうるのだと、結論しなければならなくなるだろう――しかしながら今度は、抽象的に思惟し推論している自己は、いったいいかにして自らに現象しうるのだろうか――。それは取りも直さず、志向性の現象学の自己放棄であり、自己破壊である。

Ⅳ「超越」と「性起」の場合

同様のことは、前期ハイデッガーの「超越」概念についても妥当しよう。一九二〇年代末のハイデッガーの思想においては、「超越する」のは「現有（主観）」であり、「超越される」のは「有るもの全体」であり、そこへと現有が超越するところの「行方（wohin）」ないし「行先（woraufzu）」とは「世界」である。そしてこのような「世界‐内‐有」の構造において、「世界」は現有によって「企投」され「理解」されることによって開示され、「有るもの」はその世界のもとに見出されることによって「発見」される。したがって「世界」を現れしめるのは「現有」であり、「有るもの」は、そのように現有によって現象化せしめられた「世界」のもとにあることによって、ようやく現象化される。「有るもの」は他のものによって二重に媒介されて現れしめられ、「世界」でさえ他のものによって現象せしめられるのである。しかし、それでは「世界」をも、世界を介して「有るもの」をも現れしめている当体としての「現有（主観）」の「超越」は、いったいいかにして現象化せしめられるのだろうか。『有と時』が称揚するような「情態的に自らを見出すこと（sich befinden）」は、「根本情態性」としての「不安」の分析において、「開示することと開示されたものとの実存論的自同性」という名のもとに、まさしく「開示すること」と「開示されたもの」とのあいだの区別を、なおも存続せしめていたのではないだろうか。

同じことは、現有による有の企投をちょうど一八〇度「転回」させたような後期ハイデッガーの「性起」の思想においても、指摘されうるように思われる。そこでは「有」を「与える」もしくは「遣わす」のが「それ（Es）」と呼ばれる「性起（Ereignis）」なのだが、しかしこの場合の「与える」や「遣わす」は、「企投」の転回を示しうるものでこそあれ、「理解」の肩代わりをするようなものではありえない。それゆえそこには「情態的」理解に類したものでさえ、見出せないのである。それでは「性起」は、いったいいかなる仕方で与えられるのだろうか。後期ハイデッガーにおける「脱性起（Enteignis）」は、前期以来のハイデッガーの「覆蔵性」にも似て、多義的に解されうるであろうが、しかし、われわれが「脱性起」の最も根源的にして不可解な意味を、「性起」の脱現象化――或る「有」を脱去せしめることによってしか、或る別の「有」を遣わしえないということ――をさらに超えて、「性起」それ自身の脱現象性――「性起」それ自身を顕わならしめるものがないということ――のうちに見たからといって、さして不当なことでもあるまいと思う。

V 「自然」の場合

それゆえもし「自然」が真に「自ずから立ち現れるもの」であるべきだとするなら、それは「超越」や「志向性」とはまったく別の現象化の体制を有しているのでなければならないだろう。それは二項構造から成るのではなく、「主客未分」とか「主客合一」とか言われるような、「一なるもの」の構造を有しているのでなければならないはずである。

われわれは、「自ずから然り」は「自ずから然らしめる」ではない、と先に述べた。使役〔助〕動詞のlassenやlaisserを用いる場合、われわれは本当に「然らしめる」ことができるのか、できているのかと、いつでも疑うことができる。つまりは真に「自ずから」たりえているのか否かが、つねに問題とされえよう。むしろ完璧な lassen など、最初から存在しえないと言うべきではないだろうか。

「自ずから然り」ということは、むしろ肯定や否定といった裏打ちの作業の手前にあることを意味している。したがってそれは、弁証法的論理の適用にも馴染まない。たとえば「いま」は「夜」だと述べて、これを記してみる。しかし気づいてみれば、「いま」は「昼」だった。「いま」とは「個別的なもの」ではなくて、じつは「一般的なもの」である。そしてわれわれがそのことを学んだのは、「否定」を「媒介」することによってでしかない——しかしながら、なぜヘーゲルは、ミネルヴァの梟の飛び立つ「夕暮れ」や、あるいは「明け方」から出発しなかったのだろうか。ヘーゲルは肯定や否定がすでに歴然としている事象からしか出発しない。けれどもそのようにしてことさらに措定された「夜」や「昼」は、最初からすでに相関概念もしくは相対概念でしかない。それは意図的かつ人為的な、そのうえ相対的にして相関的な措定でしかないからこそ、つねに移行の機会を窺っているのである。しかしながら、作為的にあとから課されたたんなる説明図式が、真に事象そのものを正しく言い当てているか否かは、つねに問題的なままである。

もし「自ずからなる立ち現れ」というものを認めうるのだとするなら、それは肯定される必要も、否定を介して再肯定される必要もない。それはまだそのような「他者」の意識など想定してはいないのだし、そもそも自己とは別の何かを必要としてもいない。それはまだ〈他〉も〈多〉も知らぬ〈一〉である。

(b) 〈多における一〉と〈一における一〉

そのような考えは、自ずから〈多〉と〈一〉との関係についての諸考察へと導いてゆく。伝統的には、多を統べる一という意味での〈多における一〉、もしくは同じことだが、一によって統べられた多という意味での〈一における多〉という考えと、端的な〈一者〉という考えが、有力であるように思われる。

Ⅰ 「志向性」の場合　たとえば「志向性」という考えに立つかぎり、〈一なる自我〉が〈多なる意識諸対象〔ノエマ〕〉を意識する、すなわちまさしく後者をして「現象」たらしめているという意味において、現象学的には志向性は、〈多における一〉もしくは〈一における多〉の立場を代表する。もし私が二〇の音符から成る一〇秒間のメロディーの、ちょうど中間地点を聞いているのだとするなら、すでに流れた一〇の諸音は、それぞれ過去把持され、これから聞かれるべき、幾つかさえまださだかならぬ諸音が、未来予持されている——「志向性」の立場からは、簡略的には概ねそのように記述されうるであろう。現在意識とは過去の〈多〉を過去把持的に想起しつつ、未来の〈多〉を未来予持的に予期しながら、このようにして一箇のメロディーを聞いているような意識である。かくして志向的時間意識は〈過現未の多を集摂する現在の一〉もしくは〈現在の一によって集摂された過現未の多〉という構造を、すなわち〈多における一〉もしくは〈一における多〉の構造を堅持する。

しかし、それではいったいすべてを集摂している現在意識それ自身は、つまり究極の自己は、どのようにして意識されるのだろうか。自らを対象化し表象する自己は、あるいは少なくとも自らを志向的に意識しようとする自己は、いつまで経っても真の自己にたどり着くことができない。それでも現象学は、このような究極の自己を前提としなければ、成り立たない。現象学を可能にしているのは、結局のところ非現象なのだろうか、それとも、それこそが究極の現象なのだろうか。後者の場合、現象学は何かを自己から区別することによって現象化しようとするような「志向性」ではなくて、自己自身を現象化するような究極的な自己現象化の体制を、容認するのでなければならないだろう。真の自己意識は、それゆえ、必然的に〈多なき一〉もしくは〈一における一〉という構造を、有しているのだということになる。

Ⅱ 「超越」と「性起」の場合

「超越」の場合も同断である。たとえば道具的世界を企投する現有は、ひょっとして他人をも有用性の観点からしか見ていないのかもしれない。その場合、道具や他者やその他諸々の事物の〈多〉は、有用的世界という一なる世界のもとで理解されている。また何ごとも善悪の価値基準でしか測ろうとしない人物は、善悪の彼岸というようなものを、理解することができない。諸々の事象は、すべてマニ教的二元論の世界のもとで見られることとなろう。人間的現有は、諸世界の〈多〉を企投しつつ理解することができ、それら諸世界の各々のもとで、諸事物の〈多〉を発見することができる。そして「企投」や「理解」も「発見」も、前期ハイデッガーにおいては——オントローギッシュかオンティッシュかの別こそあれ——「超越」という構造を有している。超越は〈多における一〉や〈一における多〉の構造をそのまま示すか、もしくは二乗にして示す。

けれども超越は、いかにして超越それ自身を開示することができるのだろうか。もし超越が何かを自己から区別するという構図を維持し続けているのだとすれば、超越それ自身を開示するのは、もはや超越ではありえない。それはミシェル・アンリの言うような「内在」でなければならない。つまり超越の自己とは内在である。たとえば——志向性と重なるが——私の眼が何か対象を見ているとき、私は私のもう一つの眼や鏡を用いて、たしかに私が見ているのだということを、確かめることなどできない。もう一つの眼や鏡に頼る私には、そこに映っているのが真に見ている眼なのか、それともそれは失明した眼や義眼等々のように見ることのできない眼でしかないのかを、知ることができない。それを知っているのは、見ている眼の働きそれ自身であり、〈見ている意識〉それ自身に内在する〈見ているという意識〉である。逆に言うなら、差異構造に依拠する志向性や超越の立場に立つかぎり、ひとは自らが見ているとか聞いているとか意識しているとかいう、たったそれだけのことさえ、いつまで経っても自覚することができない。

「性起」がいかにして現れるのか、われわれは知らない。しかしもし性起の自己もしくは「自性」が現象しうるのだとするなら、それは「有」を与え「有」を遣わす働きとも、「時」を与え「時」を授ける〈届ける〉働きともちがった働きを、有しているのでなければならないだろう。要するに〈多における一〉や〈一における多〉は、そのような言明を行いつつも、いかにして自らが〈一〉と言いうるのかということを、説明することができない。〈多における一〉や〈一における多〉は、〈多なき一〉もしくは〈一における一〉を前提としなければ、成り立ちえないのである。

Ⅲ 「自然」の場合

「自ずから立ち現れるもの」としての「自然」においては、「現れるもの」と「現れしめるもの」とが一致する。高名なる『有と時』におけるハイデッガーの「現象」の定義、すなわち「自らを‐それ‐自身‐において‐示すもの（das Sich-an-ihm-selbst-zeigende）」は、むしろ「自然」の規定にこそふさわしいように思われる――「自らを示すものを、それがそれ自身から自らを示すように、それ自身から見させること（Das was sich zeigt, so wie es sich von ihm selbst her zeigt, von ihm selbst her sehen lassen）」という「現象学」の形式的概念が、依然として困難であるように思われるのとは対照的に――。いずれにせよここでは、〈多なき一〉もしくは〈一における一〉の構造が、指摘されうるであろう。

それゆえ「自然」は「自己」と同じ現れ方をするのだと言わなければならない。あるいはむしろ、「自然」を「自己」から区別すれば、真の「自然」をも真の「自己」をも、見失ってしまうのだとさえ言わなければならないだろう。「自然」という名の根源的な「自己」があり、「自己」という名の本源的な「自然」がある。それは自然科学の意味での「自然」とはけっして同一ではありえないのだし、用立てられるためにしか存在しない「用象（Bestand）」――開拓や開発のための、観賞や観光のための、等々――としての自然とも、明らかに異なる。もちろんそれは、いわゆる「歴史的自然」とも等しくない。

主客未分や主客合一というのは、根源的な自己としての本源的な――「返本還源《へんぽんげんげん》」の――「自然」の経験にこそ、ふさわしいように思われる。人為が介入すれば、そこには分裂が生ずる。それゆえにこそ「自ずから然り」は、当然のことながら、自己の生き方の問題にも関わってくる。

Ⅳ 「他性」と「場所」

ところで〈多における一〉や〈一における多〉は、〈多なき一〉もしくは〈一における一〉がなければ成り立たないと、先にわれわれは述べた。しかしそれは、たとえば〈一における一〉が〈多における一〉を生み出すとか、創造するとかということではない。そのような試みは、結局のところ挫折してしまうのではないかとわれわれは考えている。しかしわれわれは、純然たる〈一〉から〈多〉なり〈他〉なりを導出しようとする試みを困難とみなすのと同時に、何のためらいもなく最初から〈多〉を措定してしまうような態度にも、従前からずっと疑問を懐き続けている。われわれが述べたいのは、〈多〉がなくても〈一〉はあるのだということ、そして〈多〉のあるところには必ずその根底に〈一〉があるのだということ、ただそれだけである。つまりわれわれは、多性や他性の成り立つ場所の奥底には、〈一における一〉によって特徴づけられるような場所があると考えているのである。

たとえばよく「関係」の優位とか先位とかと、ひとは言う。しかしながら、もし関係が関係諸項に対して先位を保つというのであれば、われわれは関係諸項より先に、関係それ自身を問うのでなければならなくなるだろう――ちょうど後期ハイデッガーが、「有るもの」なしに「有それ自身」を思索しようとしていたように――。しかるにそれは、関係諸項を度外視して、関係諸項なしに関係そのものを問うこととなって、結局のところ「関係」は、消滅してしまうことになるだろう。けれども関係も関係諸項も無くなってしまったあとには、それらがそのうえに成り立っていたところの「場所」が残る――じっさい、或る共通の場所のうえに置かれえないような、つまりはまったく無関係なもの同士の関係などというものは、ありえない。西田風に言うなら、「徳」と「三角」が同じ場所のうえで関係づけられることなどありえない。関係も関係諸項も、同じ土俵に上りうるものについてしか、つまりは「場所」を共有するものについてしか、語りえない。そしてその関係や関係諸項が消え去ったあと、何もないところにもあるのが「場所」なのである。

他性の成り立ちうる場所というものがある。しかしわれわれが検討したところによれば、他性の場所は他性なき場所を前提としている。〈一における二〉は、究極の場所であり、言わば「無底」の場所なのである。そして「自然」がこのような究極の場所だとわれわれが述べるとき、われわれはそこに、或る特異なる現象性というものを認めたいと考えている。われわれがときとして「場所の自己‐触発」について語ることがあるとするなら、それが意味するのは、このこと以外の何ものでもない。

V　創造しない根源

〈他性なき場所〉が〈他性の場所〉の根底にあるのだとしても、前者が後者を創造したりなどできないというには、創造それ自身のうちにもそれなりの理由がある。なぜならそもそも創造とは、「創造するもの」と「創造されるもの」とを区別する立場に立つ思想だからである――それはまだ〈他〉を知らぬ〈一〉にはふさわしくない。それゆえ、もし一方で「すべてを創造する根源」というものがあるのだとしても、その奥底にはさらに「何も創造しない根源」というものがある。「創造されず創造するもの」があるとすれば、なおさらのこと「創造しも創造されもしないもの」があらねばならないのである。

それゆえにこそ〈多〉や〈他〉の生成を説明しようとしたり、導出しようとしたりなどすると、われわれはつねに一種の牽強付会に撞着することにもなる。よくひとは「一者」には「忽焉として」合一するなどと言うけれども、われわれの考えでは「合一」しようなどとする以前に、ひとは「一なるもの」には初めから「合一」されている。むしろわれわれは、〈一〉を根底として〈二〉あるいは〈多〉や〈他〉こそが――どのようにしてかは分からないが――「忽焉として」生ずると言うべきではないかと考えている。分からぬものを無理にこじつけて説明しようとするより、分からぬものは分からぬと述べる方が、哲学としてはよほどまっとうである。

逆に或る種のレヴィナス解釈が示唆するように、〈一なき多〉すなわち〈一〉によって統制されることのない〈多〉を称揚するがごとき「多元論」は、何か根源的なものを見失ってしまった考えではないかとわれわれには思われる。なぜなら〈多〉を一まとめにして〈多〉と述べた途端に、あるいはそのようなものが自己に現れた瞬間に、〈多〉全体が〈一〉として捉えられてしまっているからである。要するに「多元論」や「多元主義」という表現そのものが、或る種の齟齬を自らのうちに含んでいる――たとえば「文化」の多元性を強調するためには、少なくとも〈多〉とみなされている諸文化が、依然として「文化」という〈一〉なる共通契機を有しているのだという程度のことは、是認しておかなければならないだろう。

(c)「歴史」「文化」と「自然」

ところでふつう「自然」に対置されるのが、「歴史」や「文化」である。そしてそのことは、〈多〉と〈一〉をめぐる両者の構造の相違を見ても、明らかであるように思われる。

I 「歴史」「文化」の構造と「自然」の構造

つまりまず、「歴史」や「文化」は多様性や変化というものを想定しているからこそ「歴史」や「文化」なのであって、もし——プラトンの『法律』に出てくる「正確に一万年来」変化することのなかったエジプトの「芸術全般」が示すように——まったく変遷することのない「歴史」や、異文化というものを持たずにただ一つしかない「文化」などというものが存在するなら、われわれはそれを——クモの巣やビーバーのダムのように——ほとんど「自然」から区別することができないだろう。「自然」もまた時代や地域によってまったく変化しないというわけではないのかもしれないが、しかし「歴史」や「文化」の多様性に比すれば、その差異や変化は、比較にならないほど小さい。

そのことは、「文化的意識」や「歴史的意識」の成立という発生論的な過程のことを考えてみれば、或る程度説明がつくように思われる。つまり、たとえば或る文化圏に属する人間の文化的意識が、異文化に属する人間の文化的意識と異なるのは、文化的世界が「表象」という有り方を有しているからである。文化的意識は一つの志向性であり、それゆえにこそ〈多における一〉という構造を持つ。歴史的意識に関しても同断なのであって、歴史的世界は一つの表象であり、それを表象する意識は一つの志向性である。しかし、「表象」は「実在」に対立する。もし意識の志向性構造が「表象」という有り方をした世界を生み出すというのであれば、逆に志向性構造を持たない「自然」こそが、歴史と文化の根底にある真の「実在」だと言うことができるのではないだろうか。

山を見て山の偉容に打たれたり、紅葉の美しさに感動したりするのに、歴史的意識や文化的意識は必要ない――ここで言う「見る」が本当に志向性構造で説明されうるのか否かについては、立場のちがいが存するであろうが――。しかし、その山が比叡山であることを知って、多少とも感慨に耽るためには、或る特定の文化的意識や歴史的意識というものが必要である。そして「文化的意識」や「歴史的意識」がなくても「自然」に親しむことはおおいに考えられるのに対し、「自然」の経験を根底として持たない「文化的意識」や「歴史的意識」の存在は、考えがたい――比叡山は比叡山である以前に山であり、まずそれが山として経験されるのでなければ、比叡山の経験もまたない。「山」と言った途端にそれは言語化された文化的意識なのだと主張するひとには、逆にそのような言語的意識以前には何も経験されなかったのかと問うてみたい。

Ⅱ「歴史」「文化」の場所と「自然」の場所　つまりわれわれは、歴史や文化といった表象世界は、自然という実在を根底として初めて成り立つと考えることによって、「歴史」や「文化」の成り立つ場所の根底に「自然」という無底の場所を置きつつ、両者の関係を〈根源的なもの‐根源から生い育ったもの〉という発生論的な関係のうちに捉えているのだということになる。〈一〉を基底として〈多〉が生まれ、〈多〉が成立するというのは――「創造される」とは言わないまでも――そういうことである。

けれども「歴史」や「文化」が「自然」から発して事後的に生成するということは、「自然」がもはや消え去ってしまった過去のものだという意味ではもちろんない。われわれはむしろ歴史や文化の「根底」に自然を置いた。つまり、歴史や文化がいかほど変化変遷しようとも、その根底は変わらないということである。『道徳と宗教の二源泉』のなかのベルクソンの言葉を参照するなら、「自然は破壊不可能である。〝自然的なものを追い立てよ、それはギャロップで帰ってくる〟とひとが述べたのは、間違いだった。なぜなら自然的なものは、追い立てられないからである。それはつねに、そこにある」。あるいはまた、「自然的なものは、大部分、獲得されたものによって覆われてはいるが、しかし自然的なものは、諸世紀を通じて、ほとんど不変のままに執存（persister）する」、等々。

そしてわれわれが異文化や、われわれから遠く離れた或る歴史的時代を理解せんとするようなときにも、われわれは、われわれとわれわれに異他的なもののもとに共通に認められるようなものを鍵として、つまりは共有する自然に基づいて、それらを理解するすべを得ようとするのではないだろうか。たとえば一見すると理解しがたい異国の人々や過去の祖先の風習も、同じ人間なら飢えや渇き、暑さ寒さには苦しみ、食糧や水を得ては安堵し、表現はいささか異なれど喜怒哀楽を有し、起きては伏しつつ共に生き、滝の荘厳や大海の悠揚には打たれる等々の、人間の名に値する人間なら誰しもが共有するであろういわゆる人間本性に基づいて、何とか理解しようと試みる。そして人間「本性（nature）」とはまさしく、人間の「自然（nature）」のことではないだろうか。

(d)「自然」な生き方

そして先にも触れたように、「自然」はもちろん人間の生き方のうちにも潜んでいる。

Ⅰ 「自由」と「非自由」、「行為」と「無為」

たとえば老荘思想では「無為自然」と言う。「無為」とは何もしないで怠惰を貪ることではなく、人為や作為を無にしつつ、文字通り「自然に」生きることである。それは「作りもの」の「わざとらしさ」を嫌い、「私欲」や「はからい」を遠ざける。「意志」や「意欲」や「恣意的な自由」は、ここでは「無欲」や「非自由」に席を譲るように思われる。「非自由」とはもちろん自由の制限として自由を前提とするような「不自由」のことではなく、むしろ自由や行為の能動性に先立って、これの前提となっているような「根源的受動性」（アンリ）のことである。真の自己もしくは自然においては、それを受け取ってそれを現れしめるものは他のものではなく、それ自身である。このような自己受容を特徴づけているのが自己受動性であり、それをわれわれは「非自由」と呼んでいるのである。

われわれが自然にふるまうとき、それはむしろ内的必然性にしたがってふるまっているように思われるときがある。自然に思えるものも、じつは長年の習慣や修練の成果であり、努力や研鑽の賜物なのだとひとは言うかもしれない。そのような事例も当然のことながら存在しうるであろうし、そのことをわれわれは否定するつもりはない。しかしわれわれがむしろ問いたいのは、なぜそのような文化、習慣、努力の獲得物が、それでもなお「自然」に見えようとするのかということである。洗練は自然に憧れる。それは取りも直さず、文化や習慣の故郷が、自然にあるということではないだろうか。

　それゆえ「無為」に根差した「行為」こそが自然な行為であり、「非自由」に基づいた「自由」こそが真に根源的な自由である。われわれがそれを「自由」と呼ばずに「非自由」と呼び続けているのは、西洋の哲学を中心としたこれまでの哲学の用語法からするなら、それを「根源的な自由」と呼ぶより「非自由」と呼んだ方が、先行哲学との対話や議論が成り立ちやすかったからである。しかし本当にわれわれが自由であるとき、われわれはそのことを、むしろことさらには意識しないのがふつうである。「無為自然」は肯定と否定の手前にあり、またそれゆえにこそ、言葉の通常の意味での能動と受動との以前にある。要するにそれが「自ずから然り」ということなのである。

Ⅱ　「心身合一」と「心身区別」　主客の区別を無くして生きているとき、自我と非我の区別が消滅し、そのときわれわれは、いわゆる「没我」や「忘我」、「無我」や「無心」の状態にある。それゆえ心身関係が問題とされるときでも、心身の区別よりも「心身合一」が基本となることは、言うまでもない。禅宗ではよく「身心脱落《しんじんだつらく》」などと言う。じっさいことさらに「心」と「身体」を区別しつつ、それぞれを別個に意識しているようでは、「無為自然」にはほど遠い。何かに没頭しているとき、そこで「心」も「身体」ももちろんこの世から消滅してしまうわけではないのだが、それらはことさらに、つまりは主題的に意識されているわけではないのである。

人間の「自然」と言えば、むしろ「身体」のことを指すのがふつうである。しかしそのときの身体とは、ことさらに「心」や「魂」や「精神」から区別された、たんなる物体としての客観的身体のことではもちろんない。だからこそ「主観的身体」とか「心身合一」等と言うのである。

心と身体の区別がないときにしか、自己と自然の区別もなくならない。自然に通じるのは心身合一体としての自己という名の自然であり、またそのような意味での身体である。「われわれの内なる〈自然〉」は「われわれの外なる〈自然〉」と「何らかの関係」を有していて、「われわれの外なる〈自然〉」は「われわれがそれであるところの〈自然〉」によって「開示」されるのだと、メルロ＝ポンティも述べている。そして彼によれば、「自然を知覚」し、「自然の住人」でもある「人間身体」――「意識」ではなくて――と「自然」との関係は、「*Ineinander*〔相互内在〕の関係」なのだという。

〈多〉や〈他〉が〈一〉を基底としてのみ成立しうるように、「心身区別」は「心身合一」を基盤としてのみ発生論的に考察されうる。そしてメーヌ・ド・ビランの身体論などがよく示しているように、身体それ自身もまた最初は〈一なる全体〉として把握され、次第に身体諸部分へと分化ないし分節化されてゆく。身体についての考察も、一なる全体を出発点とした、発生論的な考察でなければならない。さもなくば、たとえば〈触れる右手〉が〈触れられる左手〉に触れたなら、右手は意識存在のままだが、左手は骨と皮とのたんなる物体に成り下がってしまうなどというような、奇妙奇天烈な議論が生まれてきたりもするわけである。理論的には心身は実体的に区別されなければならないが、事実としては心身の合一を認めなければならないなどというような議論も、やはりどこかが根本的に間違っている。

(2) 「自然」と「現象学」について

「自然」に関してはいま述べたばかりだが、「現象学」についても前節で扱った。両者はその現象の仕方に関して言うなら、著しい対照をなしている。つまり、現象学はその固有の現し方を有しているのだが、そのような現し方において現れているものの現れ方は、自然の現れ方とはまったく異なっているのである。

I 「自然」の現れ方と「現象学」の現し方

つまりまず、「現象学」は「現象」およびその「現れ方」を「対象化(表象)」し「主題化」し「理念化(少なくとも言語化)」し、そしてそのさい現象学は、そのような自らの行為について主題的・方法論的に「反省」する。哲学史のなかでは伝統的に――たとえばメーヌ・ド・ビランにおいてのように――「反省」概念は〈主題的に自らを対象化する反省〉と〈非主題的・非措定的・非対象化的な自知・自覚〉の二つを意味することがある。後者はあらゆる意識の条件たる自己意識のことだが、学や現象学がここでことさらに行わなければならない「反省」とは、もちろん前者の意味での反省である。後者はもっと密やかに、たとえば学を行う意識や現象学に従事する意識にさえ随伴している。

現象学を含め、学はもっぱらその対象についてことさらに扱うがゆえに、〈ことさらならざるもの〉を扱うことを苦手にしているように思われる。それゆえにこそ「かわたれどき」や「たそがれどき」を看過しつつ、「夜」や「昼」のみを主題化しようとしてみたり、「心身合一」を「生と通常の会話」や「感官のくつろぎ」に委ねながら、理論的には「心身の実在的区別」のみを称揚したりなどする――あたかも屍体が身体の真実であり、悟性的思考が心の内実でもあるかのように。しかしながら、たとえば「つぼみ」が「花」によって「否定」されるなどということは、特別な意図と関心とを抱いた哲学者にとってのみのことなのであって、「花」にとっても「つぼみ」にとっても、それは与り知らぬ事柄である。そしてそのような哲学にかぎって、「死せるものを堅持すること」が「最大の力を必要とするもの」だと言明したり、「精神」を「否定的なものの途方もない力」と規定したりなどする。

けれども「学」は、「学以前的なもの」つまりは目的論的に学を目指しつつもいまだ学への途上にあるもののみならず、そういったことに一切無頓着なもの、ひょっとして「学とは無関係なもの」という言い方すらすでに手遅れかもしれないものをさえ、ときとして学の対象としなければならないことがある。特に「哲学」とか「現象学」とか呼ばれる学は、そうである。そして「最大の力を必要とする」のは、「死せるもの」を「堅持」することではなく、むしろ〈ことさらならざるもの〉をことさらに「堅持」しようとすることではないだろうか。

そして〈ことさらならざるもの〉の極致が「自然」であると、われわれは考える。「自然は隠れることを好む」と、ヘラクレイトスも述べている。「自然」は「非対象的（非表象的）」で「非主題的」で「非理念的（たとえば言語化以前的）」で「非反省的」な仕方で「自ずから立ち現れる」――つまり、それでもそれは「現象」であり、そのうえわれわれの示したところによれば、むしろ最も根源的な現象でさえある。要するに〈顕わならざる現れ〉や〈ことさらならざる現象〉が、〈顕わなる現れ〉や〈ことさらなる現象〉に先立つのである。そうしたものはもちろん、他との比較や関係づけ以前に、或る特異なる仕方で現象する。たとえば「夜」は「昼」を否定することによって「夜」なのではなく、「昼」もまた「夜」を否定することによって「昼」なのではない。そしてそのようなものを言語化することこそが、それゆえ、「最大の力」を要するのである。

それでも自然はつねにそこにある。学が他の何かを主題化しているときでさえ、自然はそこに寄り添っている。なぜならそれは、あらゆる現象の根底にある根源的現象だからである。

Ⅱ 「自然の現象学」は二つの根本的に異なる現れ方を前提とする　それゆえもし「自然の現象学」というようなものが可能であるべきだとするなら、それはすでに二つの根本的に異なる現象の仕方を前提としているのだということになる。つまりそれは、「学」の諸前提のところで述べたように、たんに二つの異なる現れ方を想定しているとか、あるいは「より根源的な現象」と「より根源的でない現象」

という二つの異なる現れ方を予想しているとか言うのでさえ不十分なほど、じつはまったく根本的に、構造的に異なる二つの現れ方を、まったく対立さえしている二つの現れ方を、前提としているということなのである。要するに、一方でもしわれわれが「自然」という「現象」を認めようとするなら、それは〈自ずから立ち現れる〉という現象の仕方を有し、構造的には、それは〈一における一〉、〈多なき一〉、〈主客未分〉、〈主客合一〉といったかたちで規定される。他方でもし「自然の現象学」などというものが可能だとするなら、それは「学」もしくは「現象学」たるかぎりで、対象化・主題化・理念化・反省といった作用を容れうるような現象の仕方を有しているのでなければならず、構造的にはそれは、先とはちょうど反対に、〈二項関係〉、〈多における一〉、〈一における多〉、〈主客関係〉、〈表象〉、〈志向性〉といった諸性格を持つ。そしてこれら二つの現象の仕方を比較するなら、発生や方法論的な順序として「自然の現象学」が「自然」を前提としてこれに後続するというのみならず、現象の仕方の根源性という意味でも、「自然の現象学」は「自然」の現れ方に対して遅れを取ると言わざるをえないだろう。

このように、すでにして「自然の現象学」の理念それ自身が、二つの根本的に異なる現れ方が存立しているのだということを、後追い的に、つまりは反省的に、認めざるをえないのである。それは対象的ならざるものの対象化、非表象的なものの表象であり、また非主題的なものの主題化、理念的ならざるものの理念化、非反省的なものについての反省である。それは自らの根底たる自然との現象学の対話であり、根底への問いかけである。自然たる自己の側からするなら、それは根源それ自身の主題的自覚と言うことができるのかもしれないが、哲学者の側からするなら、それは沈黙の言語化であり、根源への讃歌である。
そしてなぜこのように二つの現象の仕方が存在するのかと問われるなら、われわれはいま、それには答えることができない。われわれにはむしろ、そのような問いに答えることは、永遠に不可能ではないかとさえ思えるほどである。われわれがいま述べうるのは、われわれが「自然の現象学」というようなもののことを考えようとした時点で、すでに事実としてこれら二つの現れ方が現存しているのだということ、ただそれだけである。

(3)「自然の現象学」について

これまでわれわれは、われわれの構想する「自然の現象学」に関して、いささかなりとも解明しようと試みてきたので、本章の最後に、たとえ暫定的にではあっても、「自然の現象学」の定義、その可能性のいかんについて、またその限界ならびにその必要性、それが有する諸課題に関しても、簡単に述べておくことにしたい。

Ⅰ 「自然の現象学」の暫定的な定義 「自然の現象学」をこれまでの諸考察から暫定的に定義するのであれば、それは「自ずから立ち現れるもの」としての「自然」を、その特異なる現象の仕方に着目しつつ、対象化・表象・主題化・言語化する反省的な学問だということになる。それは自らの現れ方・現し方が根源的ではないということを自覚している学問であり、「根源」を尊重するすべを心得ている哲学である。

ひとは「神」や「生」を根源として、これを尊重するというような道を、選択することができるのかもしれない。しかしながら、もしひとが、同時に「現象学」の道を選択するというのであれば、ひとは自らが神なり生なりを「根源」とみなしたことを、神の現象性や生の現象性に即しつつ、説明しうるのでなければならない。さもなくばそのような試みは、少なくとも「現象学」としての根源性を、見失ってしまうであろう。もちろん一切を「現象」とみなすわれわれの立場からするなら、現象学が何を主題化しようと、それは自由だということにもなるのだけれども、しかし、ともかくも自らの主張の根源性ないしは第一義性を示せないような哲学は、その重要性なり必要性なりを疑われても、致し方がない。

「自然の現象学」は、初めから相反する二つの現れ方の緊張のなかでのみ成立しうる哲学である。それはその存在そのものによって二つの絶対に異なる現象の仕方を容認し、そして一方が他方の根源にあることを明示することによって、自らの非根源性と根源性とを同時に告白する——それはたとえ「根源」に対しては非根源的であろうとも、現象学としての根源性なら主張しうるであろう。

Ⅱ 「自然の現象学」はいかにして可能か

しかし、それでは自らは「対象化」等々の現し方しか有しえないはずの「現象学」が、いかにして「対象」以外の有り方や現れ方を有しているものを、それでも「主題化」しうるのだろうか。それはもちろん、「自然の現象学」を遂行するわれわれが、「学者」や

「哲学者」や「現象学者」である以前に、ふつうには「人間」という名で呼ばれている「自己」だからである。つまりわれわれは、学者としては対象化等々以外の現し方しか自らに認めることができないのだとしても、しかしそれ以前に、またそれと同時に、人間あるいは自己としては、それ以外の現れ方をすでに知っているのである。われわれは、われわれの根源的な自己に問いかけつつ、哲学者としては、何とかそれを主題化的に表象し、言語化しようと試みるのでなければならない。

ハイデッガーは「見棄てがたきは在処／根源近く住まう者は」というヘルダーリンの詩句を、好んで引用する。われわれは以前、メーヌ・ド・ビランに関するわれわれの博士論文の末尾で、以下のように記したことがある。「哲学的伝統は絶えざる闘いのなかで勝ち取られるのでなければならない。なぜなら文化的所産としての諸々の哲学は、けっして根源それ自身ではなく、それは様々な立場から、永遠でそのつど新しいこの唯一の根源に向かって捧げられた、それぞれの祈りだからである」。この言葉に概ね偽りはないのだが、しかし少々舌足らずではあったかもしれない。ひとは根源近くに住まいつつ、根源に向かって祈りを捧げているようなときでも、根源を離れているわけではけっしてない。さもなくば、それは真の「根源」の名には値しないだろう。しかし、それにしてもなぜ「祈り」などと言わなければならなかったのだろうか。

Ⅲ　「自然の現象学」の限界

なぜなら「学」となってしまった瞬間に、すでに「自然」は「自然」のままではありえないからである——そして何より大切なのは、むしろこのようにして自らの限界を自覚することではないだろうか。哲学それ自身は絶対知などではありえないのだし、ましてやわれわれの「自然の現象学」は、そのような大それた望みを抱いているわけではない。「自ずから然り」ということは、それが「自ずから立ち現れること」を意味しうるかぎりでは一箇の根源的な現象たりえようとも、しかしそれは「自ずから然らしめる」ことではないのだとわれわれは述べた。lassen〔せしめる、させる〕やGelassenheit〔放下〕は、根源に臨むときのわれわれの態度に、一定の指針を与えてくれるものではありうるのかもしれないが――それさえも本当に可能かどうかは、依然として怪しい――しかし、少なくともそれは学的態度ではありえない。完全な学も絶対的な哲学も、原理上ありえない。哲学が反復されて哲学史が形成され続ける理由の一端は、そこにも見出せるのではないか。哲学の言葉が自らの根源に届いているのか、どれほど根源の近くにまで到達しているのかについて、哲学は哲学それ自身のうちにその尺度や規準を見出しうるわけではけっしてない。何か哲学書を著したことのある者なら、ただ祈るしかないことを知っているはずである。

Ⅳ 「自然の現象学」の必要性

それではそのような哲学が、なぜ必要となるのだろうか。すでに自己が自然を知っているなら、再度それを表象しようとする試みなど、無益にして無用なのではないだろうか。

けれどもわれわれが述べたように、根源的な現象は、〈ことさらならざる〉現象たることが運命づけられている。したがってそれは、自然それ自身の根源的な有り様を主題的に表象することとはまったく別であるのだし、われわれがそれを主題的に表象することは稀であるか、少なくともきわめて困難である。そのうえどういうわけか、気づいたときにはわれわれは、少なくとも哲学なるものを始めようとするときにはすでに確実に、実在と表象という二つの有り方や現れ方のなかを生きている。つまりは自然的な生き方と、対象化的な――場合によっては学的な――生き方とである。それゆえわれわれがそれほど正鵠を射ていないような表象のなかをさまよっている可能性もあるわけだし、絶対とは言えないまでも的を射た表象に近づいているような場合もあるのかもしれない。なぜ哲学などというものが必要なのかというと、それはわれわれにそのような事態を反省させ、自覚させる必要があるからである。

たとえば哲学それ自身は根源ではないのだとしても、つねに根源に留意することを促すことも、哲学の大切な仕事の一つである。しかし逆に哲学は、自らの根源性や絶対性を過信して、ヒュブリス（傲慢）に陥る危険ともつねに隣接している――われわれ自身のこのような試みがそうでないということを、いったい何が保証してくれるというのだろうか。それゆえにこそわれわれは、ただ祈るしかない。

V 「自然の現象学」の諸課題

われわれが構想し遂行してきた道がどれほど正当なものであったのか、われわれ自身で勝手に判断するわけにもゆかないのだが、ともかくもわれわれは、「自然の現象学」の諸課題として、一九九二年の夏に、六部から成る以下の著作を構想した。第一部　感性論（空間および時間）。第二部　論理（「多なき一」もしくは「一における一」）。第三部　実在と表象（自然と文化）。第四部　自由と非自由（行為と無為）。第五部　身体論（身体の発生論的構成）。第六部　他者論（自然における他者と文化的他者）。そしてその構想は、大筋において変更はなかったとはいえ、絶えず細部において微調整を繰り返しつつ、以下の六冊の著作となって、一応の完結を見た。『自然の現象学――時間・空間の論理――』世界思想社、二〇〇四年。『歴史と文化の根底へ――《自然の現象学》第二編――』世界思想社、二〇〇八年。『行為と無為――《自然の現象学》第三編――』萌書房、二〇一一年。『身体の生成――《自然の現象学》第四編――』萌書房、二〇一五年。『他性と場所Ⅰ――《自然の現象学》第五編――』萌書房、二〇一七年。『他性と場所Ⅱ――《自然の現象学》第六編――』萌書房、二〇二〇年。そしてなぜこのような諸課題が課されてくるのかについては、多少なりとも本章で明らかにしえたように思う。

もちろんわれわれの仕事は、これで終わりではない。そもそもその原理から言って、「表象」の仕事に完成というものなどありえない。しかしながら、最初の構想が一応の完結を見たということと、今後のわれわれの諸課題を明確にしておくためということで、われわれは以下の第二章では、これら六冊の概要を、他の哲学者たちの見解の紹介に関わる部分を中核に据えるのではなく、それらへの批判をも含めつつ、特にわれわれ自身の主張が明らかとなるような箇所を中心として、示してゆきたいと思う。

それゆえ次章は、以下の五節に分節される。第一節　時間・空間の論理。第二節　歴史と文化の根底へ。第三節　行為と無為。第四節　身体の生成。第五節　他性と場所。

第二章　『自然の現象学』の展開

本章でのわれわれの叙述は、当然のことながら、既刊の六冊の拙著の内容を前提としている。それゆえ他の哲学者たちの言説から引用を行うときも、逐一その出典を指示することはない――引用箇所は拙著からすぐに探し出せるはずなので、関心のある方は、そちらを参照されたい――。本章ではむしろわれわれは、われわれがこれら六冊を通して探求してきた諸々の問題構制の大きな流れと、われわれ自身の基本的な立場とを、明らかにすることを目的としている。

第一節　時間・空間の論理

まず時間・空間の問題がそのまま自然の問題に直結するであろうことは、カントやヘーゲルを俟つまでもなく、自明の理と言うことができるように思われる。もちろん歴史的・文化的な時間・空間というものも、存在するではあろう。けれどもそれらもまず時間・空間の基礎的な有り方に、つまりは自然的な有り方に基づいて、初めて成立しうるのではないだろうか。

しかしながら、われわれがここでことさらに追求したいのは、時間や空間の基本的な有り方にまで遡ることによって、先にも見た〈多なき一〉もしくは〈一における一〉の論理を、とりあえずは〈多における一〉や〈一における多〉の論理の根底に、多少とも具体的に示すことなのである。そして〈一なき多〉の論理に関しては、レヴィナス批判というかたちで、本節最終項で扱うことにする。

(1) 空間と〈多なき一〉の論理

『自然の現象学』がアンリの意味での「内在」のうちに「空間」を持ち込むなどと主張すれば、たいていのフランスの哲学者たちの猛反発に出くわすことになる――それほどまでにもフランスの哲学界では、デカルトの影響が大きいのである。つまり、「現れしめるもの」と「現れしめられるもの」すなわち「現れるもの」とが一致するなどということを、「意識」と「空間」とのあいだに確立しようなどとすると、そこにはデカルト的な「思惟実体」と「延長実体」との厳格な二元論的区別が立ちはだかる。そしてそのさい論拠としてよく引き合いに出されるのが、「精神」は「不可分」だが「物体」は「可分的」、もしくは「物体的本性」のうちには「場所的延長」と同時に「可分性」が含まれる、というデカルトの思想なのである。

I 「一にして不可分の延長」の必要性

そのような主張に対して真っ先にして大胆なる反旗を翻したのが、おそらくはスピノザの「一にして不可分（enkel en ondeelbaar）の延長」という考えである。つまり「延長的実体」は「神の無限に多くの属性の一つ」であり、神は「延長するもの」である。しかるにデカルトによれば、「可分的」であるということは「不完全性」であるということを意味するので、スピノザは「物体的実体」が「諸部分から合成されている」のではないということを、つまりは「不可分」だということを、証明しなければならない。それゆえスピノザは、そもそも「無限量」というものは「測定可能」ではなく「有限な諸部分からは合成されえない」のだと、また「空虚」というものが存在しえないのであるからには、「物体的実体」もまた「実体」であるかぎりは「分割されえない」のだと主張する。そもそも「量」というものは、彼によれば「二通りの仕方」で考えられるのだが、「想像力」が量を「有限・可分的・諸部分から合成されたもの」とみなすのに対し、「悟性」はそれを「無限・唯一・不可分のもの」とみなすのだという。

周知のようにスピノザの「実体」論においては、「能産的自然」としての「属性」と「所産的自然」としての「様態」とが区別され、様態は様態で「直接無限様態」、「間接無限様態」、「有限様態」の三段階に区分される。そして延長属性の場合、直接無限様態は「運動と静止」であり、間接無限様態は「全宇宙の相」としての一個体、つまりは「全体としての個体にはいかなる変化もなく、その諸部分、すなわちすべての物体が、無限に多くの様態において変化するところの、一つの個体」とされている。それゆえ諸部分への区分が行われるのは、「実在的に」ではなく、「様態的に」であるにすぎない。スピノザの場合、無限と言われるものにも「その本性上無限で、けっして有限と考えられえない」ものと、「原因のおかげ」で無限だが、しかし「抽象的な仕方で考えられるなら、諸部分に分割されえて、有限とみなされうる」ものとが区別される。そして「一つの個体」とみなされうる宇宙全体は、直接無限様態を介してその無限性を属性としての不可分延長に負っているところの間接無限様態にすぎない。

諸部分から合成された間接無限様態としての「全宇宙の相」の根底には、属性としての「一にして不可分の延長」があるという考えは、示唆に富む。つまり間接無限様態の示す構造が〈多における一〉もしくは〈一における多〉だとすれば、属性のそれは端的に〈多なき一〉なのである――それにしても、このようにして「悟性」によってのみ思惟されうる不可分的延長は、具体的経験の真実たりうるのだろうか。

Ⅱ　空間構成の前提としての「原初的空間」

そのような観点からとりわけ興味深いのが、メーヌ・ド・ビランの空間論である。なぜならビランはスピノザを思わせる「非区分で不可分の一つの全体」としての「原初的空間」を、それが「自我」からことさらに区別される以前に、しかも「直観」の「原初的所与」として、考察しているからである。つまりこのような空間は、「自我がまだそれ自身にとって存在していないかぎりで、あるいは自我が色彩世界から区別されていないかぎりで、自我に外的であるとは言われえない」のであって、しかもそれは「同時的に、唯一の最初の直観によって、非区分で不可分の一つの全体（un tout indivisé et indivisible）として与えられる」のだと述べられているのである。

そのうえビランはこのような原初的空間から出発して、空間構成を発生論的に考察してゆく。まず次なるステップは、「自我」がまだかろうじて「受動的証人」として存在し始める段階で、ここでは自我はただ直観を「言わばまったく出来上がったものとして受け取る」だけなのであって、空間はまだ「固定性も一貫性もない二次元的延長」であり、「漠然としたもの」である。そしてそれを「諸部分に可分的なもの」として認識させてくれるのは、〈努力の哲学〉にふさわしく、意志的な「運動」である。しかし、もちろんそのような運動が、初めて空間を生み出すのではない。そもそも運動は、原初的空間がなければ生起しえない。「運動なくしては区分された延長はなく、一つの空間なくしては一連の覚知された運動はない」。それゆえにこそビランは、「原初的空間」について語るのである。「運動がわれわれに与えるのは、測定された延長であって、原初的空間（*espace* primitif）ではない。原初的空間はすべてに先立つ独立した所与である」。

Ⅲ　空間の発生論的構成

同様の発生論的空間構成は、たとえばフッサールの『物と空間』においても見出される――それは「三次元空間性の現象学的《創造》」とも言われている。それを七段階に区分するなら、第一に、現出の時間的経過を顧慮しない「単純な（einfältig）」知覚が考えられ、第二に、単眼の運動が介入して視野の移動・拡大が始まるのだが、そこにはまだ確たる奥行きが欠けている。第三に、両眼の協働に移行すると、「起伏《レリーフ》」が視野内の近辺において生ずるのに対し、遠方は平板なままである。第四に、鉛直線を軸として頭が左右に回転するなら、二次元の閉じられたシリンダー状空間が構成され、第五に、頭の転回全体が顧慮される場合には、二次元の閉じられた球形空間（「リーマン空間」）が構成される。第六に、*Ich gehe*〔私はゆく〕の体系のうちで接近と遠ざかりのみが生ずると、奥行き空間が生まれるのだが、これはまだ「ユークリッド空間」とは言えない。なぜなら奥行きは、まだ長さや幅に比肩しうるような次元とはなっていないからである。最後に*Ich gehe*に転回が介入して、初めてユークリッド空間が構成される。

それゆえビランやフッサールにおけるこのような空間構成の途上において見出される「二次元」空間は、まだユークリッド幾何学が言うような厳密な意味での二次元空間ではない。空間経験は、まずは漠として一的・不可分的・全体的な経験から始まって、それを基盤として初めて区分や測定が可能となり、ついには幾何学的な意味で二次元や三次元について語りうるような空間も構成されるのである。

Ⅳ　不可分連続延長説　そしてここでもわれわれが強調しておきたいのは、たとえ諸部分に区分された空間が誕生したのだとしても、そのような空間は、たんに時間的に不可分全体空間を前提としているのみならず、直下にこれをその可能性の条件として想定しているのだということである。発生の「根源」とは、流れ去った過去の「起源」のことではない。それは現在のうちにこそ存続する。

たとえば「純粋な一性」としての「精神」と「本質的に可分的な多様性」としての「物質」との二元論的対立を、「伸張（extension）」概念によって可能なかぎり軽減させようとした『物質と記憶』のベルクソンも、「絶対的に特定された輪郭を持つ独立した諸物体への物質のあらゆる区分は、人為的な区分である」と、力強く言明する。たとえば視覚や触覚の所与は空間内に延長している所与であり、空間の本質的性格は「連続性」である。視野全体が色づいており、触覚においても諸固体は互いに隣接しているので、真の中断はない。そしてたとえこのような連続体が刻一刻とアスペクトを変えてゆくのだとしても、なぜわれわれは「万華鏡（kaléidoscope）」をひっくり返したように「全体」が変化したと言わないのだろうか。われわれに与えられているのは、そこにおいて全体が同時に変化しつつも留まる「動く連続性」である。「直接的直観」に与えられているのは、「区分された延長」でも「純然たる非延長的なもの」でもなく、その中間にあるもの、すなわち「非区分の一性」たる「具体的で不可分の延長」であり、つまりは「伸張的なもの」なのである。

じっさいわれわれは、たとえば雄大な風景に浸るときでも一枚の静謐な絵画に没入するときでも、まず全体の表情を感受することから始まるのではないだろうか。そしてそのような雄大さや静謐さは、風景や絵画のどこか特定の部分ないし諸部分に画定しうるようなものではありえない。もちろん風景を見るときにも絵画に接するときにも、われわれの視覚には中心‐周縁構造が存続し、そしてそれをことさらに意識するようなときには、諸部分の特定が始まるのかもしれない。しかしながら、たとえわれわれが細部にこだわるときでも、全体像ないし全体感のようなものは、つねに経験の根底に留まっているのではないか。さもなくば細部に働く諸々の志向性も、その意味ないし意義を、たちどころに失ってしまうことになるだろう。

V　〈多における一〉と〈多なき一〉　諸部分の区別なき全体的な空間経験は、〈多なき一〉の構造を有している。そしてたとえ細部に意識が主題的に向けられるときでも全体感が失われてはならないのだとするなら、依然として〈多〉は〈一〉によって統べられているのでなければならない。〈多〉は〈多における一〉を前提とし、そして〈多における一〉は〈多なき一〉をその根拠とする。フッサールの『物と空間』においても、「諸射映」の措定には「物」の統一が先立ち、「平面」の構成は必然的に「空間」を想定すると述べられている。諸射映や諸平面の〈多〉を統括する〈一〉に先立ち、これを可能ならしめているのは、〈多〉が措定される以前にある端的な〈一〉なのである——われわれがスピノザの「一にして不可分の延長」に関して、すでに諸部分の措定を前提としているような目的論的解釈や Funktionalismus〔函数主義・機能主義〕の立場からの解釈を斥けるのには、そのような理由がある。こうした解釈が成り立ちうるのは、せいぜいのところ「間接無限様態」としての「全宇宙の相」までにすぎない。

(2)　時間と〈一における一〉の論理

或る意味では二〇世紀は、時間論と他者論の世紀であったと言うことができるかもしれない。そして二〇世紀の時間論を代表する双璧とは、同年〔＝一八五九年〕生まれのベルクソンとフッサールであろう。「瞬間のなかの持続」というわれわれの試みは、この両者の時間論の「調停」を図ったものである。しかしながら、このような調停の試みに対しては、いまも昔も根強い抵抗感があるらしい。また歴史的に言っても、たとえばベルクソンの「持続」に対しては、現象学派からの首尾一貫した強固な批判が現に展開され続けてきたのだし、逆にフッサールの「原印象」に対しては、たとえばデリダのような現代思想の旗手からは、まさしく「瞬き（＝瞬間）の持続」に基づいた批判がなされたりもする。

Ⅰ　持続と脱自

たとえば前期ハイデッガーによれば、ベルクソンの持続はたんに「量的継起」を「質的継起」に置き換えただけで、伝統的な「通俗的時間理解」を超えるものではない。せいぜいのところ、それは「体験された時間」、「客観的時間」、「世界時間」でしかなく、そこには「脱自」としての「根源的時」は考えられていない。サルトルもまたベルクソンが意識の「脱‐自」構造を意味する「本源的時性」を見ずに、それをたんなる惰性的所与としての「心的時間性」へと実体化してしまったことを批判する。そしてベルクソンの持続が「〈今〉の系列」でしかなく、そこでは「それによって時間の三つの次元が構成されるところの唯一運動」が考えられていないとする点では、メルロ＝ポンティの批判も軌を一にする――もっともメルロ＝ポンティにおいては、雪玉をころがしてゆくようにして持続がふくらんでゆくというベルクソンの「持続」の捉え方に対しても、ちょうどフッサールの『内的時間意識の現象学講義』の冒頭近くで示された「不協和音」に関するブレンターノのコメントにもあるように、過去・現在・将来の諸瞬間は区別なく融合するわけではないという批判が、等しく顕著ではあるのだが。

現象学派のベルクソン批判は、結局のところベルクソン的持続が、フッサールの言葉を借りるなら「内在的時間」や「客観的時間」しか意味しえず、そのような今継起を志向的・脱自的・示差的に意識する「時間を構成する絶対的な意識流」のことを考慮しなかったという点に帰着する。しかしながら前章でも示したように、脱自や志向性という現象化の体制に基づくかぎりは、究極的な自己が、ここでは時間を意識する究極の現在が、いつまで経っても現象しないという不条理な結論に陥ってしまう。フッサール自身、こう述べているのである。「構成するものと構成されるものとは合致し合う、しかしもちろん、両者は各々の点で合致し合えるわけではない。意識流の諸位相――そのなかで同じ意識流の諸位相が現象的に構成されるのだが――は、構成されたこれらの諸位相と同一ではありえないし、じっさい同一なのでもない。意識流の瞬間的‐顕在的なものにおいて現出へともたらされるものは、意識流の過去把持的諸契機の系列のなかでは、意識流の過去の諸位相なのである」。

Ⅱ　点と持続　そこでデリダのようなひとが、フッサールにおける「今」や「瞬間」の「点的性格」を攻撃しつつ、現在の「現前」と過去把持や未来予示の「非‐現前」との「連続性」を論拠に、フッサール的時間論を批判することとなる。「原印象と過去把持とに共通の本源性の地帯のうちに、このような今と非‐今、知覚と非‐知覚の連続性を認めるかぎり、ひとは瞬間（*Augenblick*）の自己同一性のうちに他を、瞬間の瞬きのうちに非‐現前と非明証とを受け入れることになる。瞬きの持続というものがある。そして持続が眼を閉じる。この他性（altérité）が、そこで生じうるあらゆる乖離に先立って、現前の条件、現在化の条件であり、それゆえ表象《ヽヽ》(*Vorstellung*)一般の条件なのである」――周知のように、かくしてデリダは「現前」に対する「痕跡」ないし「差延(différance)」の根源性を、唱えることになるのである。

しかしながらデリダの議論には、多くの誤謬ないしトリックが隠されているように思われる。たとえば「点」か「持続」かの二者択一の議論は、厳密には〈構成され・対象化された時間〉においてしか考えられないはずなのに、それを「構成する意識」のなかにまで忍び込ませているということ。連続性を論拠に論理的に飛躍して、現在からその現象性まで奪い、かえって連続性を破断させてしまっていること。「原印象」のみを一位相とみなしつつ、「過去把持」は全体として捉えていること〔もし過去把持も一位相ごとに捉えられるなら、過去把持も、過去把持の過去把持も……現象しえないことになってしまって、結局のところ何一つ現象しないという奇妙な帰結しか出て来ないであろう〕。また何に対する遅れなのかを示せぬままに、「痕跡」や「差延」について語っていること〔おそらくデリダは自然的態度における〈時間の遅れ〉についての通念を利用している〕。そして非独立性というステイタスに関しては原印象にも過去把持にも差異はないはずなのに、現在の非独立性だけを際立たせることによって、過去把持の優位を唱えていること、等々。

Ⅲ 〈自己受容の不断の更新〉と〈生の連続体〉

翻って『時間講義』を見るに、そこでは過去把持をも含めたあらゆる志向性に対する「原印象」の独自性が強調されている。「あとになって初めて意識されるような〝無意識的〟内容について語るのは、まさしく不条理である。意識はその各々の位相において必然的に、意識されて‐有ることである」。一方で時間を構成する連続体は「変様の変様の不断の産出の流れ」であって、ここでは比喩としてではなく「産出」について語ることができる。しかし、他方で産出の絶対的始源にして原源泉たる原印象それ自身は、「自然発生（*genesis spontanea*）」によってしか生まれない。それは「原産出されたもの」、「新しいもの」、「意識とは疎遠に生成したもの」、「受け取られたもの」である。意識の自発性のなすことと言えば、原印象において受け取られたものを、成長させることにすぎない。

時間に関する一九三〇年代初頭のフッサールの思索について考察したヘルトの『生ける現在』でも、自我と自我との非対象的で前反省的な連結が、「自己共同体化」の名で呼ばれている。自己共同体化もまた「われ機能す〔＝私は意識する〕」を「受け取ること」なのであって、「われ機能す」は自らの唯一性をけっして志向的に所有することができずに、自らが堅持しえないものを、ただひたすら受け取るしかない。「われ機能す」における「自己受容」は「脆弱」であり、絶えず「更新」される必要がある――かくして時が流れるのである。それゆえヘルトの語る「自己共同体化の不断の更新」を、われわれは〈自己受容の不断の更新〉と言い換えることもできるであろう。それはアンリの言う「印象の自己印象」の、あるいは「生が永遠に自己へと到来すること」の、絶えざる「運動」ないし「成長」から生まれる「生の連続体」なのである。

われわれはかつてビランに関する拙著のなかで、「原印象」に関するアンリの解釈を踏まえつつ、「脱自的作用の非脱自的な自己触発」からは区別された「非脱自的な印象の非脱自的な自己印象」という考えを提示したことがある。しかしときが経つにつれ、後者はわれわれ自身の思索のなかで、「場所の自己‐触発」という考えへと変貌していった。そのことに関しては、最終章で少しく検討しておくことにしたい。

Ⅳ　瞬間のなかの持続

いずれにせよ現在瞬間というのは、メロディーさえ鳴り響くことのない一瞬ということではありえない。たとえばド・ミ・ソ・ド・ミ・ソ……のなかのミが明るく聞こえ、ラ・ド・ミ・ラ・ド・ミ……のなかのミが悲しく聞こえるのは、ミがそのまえに聞こえた諸音と実的に融合して協和音を奏でているからではもちろんないが、志向性によって区別されつつ関係づけられているからでもない。その音は、それ以前に聞こえた諸音のあとの音であるということによって、すでにただのミではないのである。瞬間ごとに現在を受け取るという一種の非連続は、それ以前の諸瞬間の全体を背負った瞬間であるということによって、或る種の連続性を示している。それが「瞬間のなかの持続」なのである。それは瞬間ごとに新しい現在を受け取るということによって、そのつど全体的に変貌してゆく。「音楽的フレーズ」は「何らかの新しい音符の付加によって、絶えずその全体において変様する」と、ベルクソンも述べている。「具体的持続」においては「絶えず全体のラディカルな改鋳が行われる」のであり、またそれゆえにこそ、一瞬たりとも過度に強調したり除去したり縮小したりすると、全体の質が変化してしまうのである。
そして持続の幅を広く取るなら、「意識的人格の過去の歴史全体」が、「一つの非区分の現在」のうちに含まれているのだということになる。「われわれの性格」は「われわれのすべての過去の状態の顕在的な綜合」であり、「われわれの過去の心理的生」は、「過去の諸状態」のいずれもが顕在的には性格のなかに顕現しているわけではないにもかかわらず、それでも「全体としてはわれわれの性格のなかで自らを顕示している」——われわれはそれを、メロディーの〈表情〉とか、そのひとの〈ひととなり〉とかと呼ぶことができるであろう。ひととなりが人生の集大成であるように、表情はメロディー全体や光景全体の集約にして要約なのである。

V 〈多〉と〈一〉をめぐる諸考察　地平上の「連続」は、現在がそのつど現在を受け取るという、つまりは〈一〉が〈一〉を、全体が全体を受け取るという自己受容の「非連続」をあとから反省したものでしかないとも言えようし、逆にそのつどの自己受容の「非連続」は、まだ「連続」との対比において初めて言われうるような本来の意味での「非連続」ではないのだと言うこともできるであろう。ベルクソンが「異質的で非区分の持続」もしくは「それ自身に対して異質的で非区分」の持続について語るのには、そのような意味があるのかもしれない。「メロディーの不可分で破壊不可能な連続性」とは、じつは「各々の瞬間にそこに付け加わるものにもかかわらず、非区分で、不可分にさえ留まる一つの非区分の全体」なのである。ときとしてベルクソンが「多」や「一」のカテゴリーを批判するとき、そこで批判されているのが「抽象的な一性と抽象的な多様性」でしかないことを、われわれは忘れてはならないだろう。つまり、たとえ「空虚で惰性的な枠組の作為的一性」は批判されることがあるのだとしても、依然として「生ける一性」は是認され続けているのである。

〈一〉が〈一〉を受け取る働きがなければ、〈一〉が〈多〉を受け取る働きも消えてしまう。〈多における一〉や〈一における多〉の根底には、〈多なき一〉もしくは〈一における一〉がある。

(3) 〈一における多〉と〈一なき多〉と〈多なき一〉と

けれどもわれわれとは逆に、〈多〉を統べる「上位の一性」を批判して、「一性のうちに融合することのない多元論」を主張する者もいる。現代においてこのような立場を代表するのが、レヴィナスである。彼は私の世界（=〈同〉）にはけっして吸収されることのない〈他〉の無限の超越性を強調することによって、一つの全体へと統一化されることのない〈多〉の分離を確立する。全体主義の専横を告発し、全体性の彼方に他者の「無限」を認めるこのような多元論は、端的に〈一なき多〉と形容することができるであろう。かくしてレヴィナスは、「パルメニデスからスピノザ、ヘーゲルへと肯定される一性の古代的特権」を批判するのみならず、〈同〉と〈他〉を媒介することによって結局は〈他〉を〈同〉のうちに吸収してしまうような「第三項」、たとえば「有」を槍玉に挙げながら、「一箇の有るものである誰かとの関係（倫理的関係）」を「有るものの有との関係」に従属させてしまうような「有論」をも、「不正の哲学」として糾弾する。

I 〈一における多〉——全体主義とエゴイズム

しかしながらレヴィナスの場合、〈同〉の専横を行使するのは、或るときは自我であり、或るときは国家や歴史という「全体性」である。つまりレヴィナスにおいては、エゴイズムの暴力と全体主義の暴政との区別が、理論的には曖昧なままなのである。なぜなら彼が斥けようとした「孤立せる主観性の有論」と「歴史のうちで実現される非人称的理性の有論」とは、ともに〈同〉の専制を具現するものでしかないからである。しかし、それではいったい私は、有るものの有という暴力的な体制の主なのだろうか、それとも歴史や国家の全体主義的な圧制に苦しむ被害者なのだろうか。

問題は、〈一〉が〈多〉を統べるというだけでそれを「暴力」と断ずるような態度こそが、かえって一方的で暴力的な決めつけではないかということである。一糸乱れぬオーケストラの演奏は、指揮者の独裁でしかないのだろうか。また山々の頂きに憩いが漂っていれば、それもまた或る感情による覇権的な統治なのだろうか。要は〈一における多〉もしくは〈多における一〉と言われるときの〈一〉がいかなる性格のものかということなのであって、〈一〉と言われただけで、ただちにそれが「不正」だと決めつけられる筋合いのものではない。レヴィナス自身も『全体性と無限』の或る箇所では、「多元性の一性、それは多元性を構成する諸要素の一貫性ではなく、平和である」と語っているではないか。〈一における多〉の〈一〉は、暴力にも平和にもなりうる——つまりは〈多元論にあらずんば暴力〉などという理屈にはならない。

Ⅱ 〈一なき多〉――多元論の可能性と倫理の問題

そのうえ他者の一方向的な超越のみを重んずるレヴィナスの「非対称性」の倫理からは、困った問題が生じてしまう。まず指摘しておかねばならないのは、第三者が登場する以前には「問い」は生じえないが、第三者の入場とともに〈どちらが正しいか〉という「正義」の問いが生じて、「比較しえない者たちの比較」が始まるのだとされていることである。そしてそのような中立性の成立とともに、他者に対する私の隷属もまた終了する。「正義においては比較があり、他は私に対して特権を持たない」――しかし、それでは他者の超越性が示すのは「多元論」ではなくて、ただの「二元論」ではないか。そして逆に「多元論」とは、中立的第三項の出現とともに始まる「不正の哲学」ではないのか。いずれにせよ「超越」と「多元論」とは、論理的には両立しえないことになってしまう。

またレヴィナスの数々の発言を見るに、第三者は第二者のうちにいてつねに私を見つめているのか、それとも第二者の外にいて第二者のあとから登場するのかが、つねに曖昧なままであり、そのうえ第三者が単数なのか複数なのかさえさだかではない。悪く取るなら、レヴィナスは都合次第で第三者を第二者に同席させたり、させなかったりしているのだとさえ言いたくなるときがある。たとえばもし第三者がいないという状況が本当に成立しうるのだとするなら、私は第二者の暴力を受け放題であって、そのうえそのような暴力に対してさえ責任を負わなければならないのだということになってしまう。そしてたまたまそこに第三者が入場したとしても、二人で私に暴力が振るわれたなら、「正義」はどうなるのか。あるいは第二者と第三者が互いに争い合うなら、両者を「比較」してどちらが正しいかを判断する規準を、いったい私はどこから入手すればよいというのか。またレヴィナス的非対称性の倫理にしたがうかぎり、極端な話、もし私が他者を理解しようとするなら、それは他者の超越を〈同〉に吸収してしまうことになるのだから、私は他者を理解しようとしてさえならないのだということになる。それならば私は、他者に対してピストルでもぶっ放す方が、他者の超越に対する最大の讃辞だということにさえなってしまうのではないだろうか――なぜなら私は他者が生きているとか苦しんでいるとかいうことすら、理解してはならないからである。

Ⅲ　殺人の禁止と生の覚知

周知のように、逆にレヴィナスにおける高名なる「顔」を特徴づけているのが、「汝殺すなかれ」という倫理的な発話なのである。しかし第一に、それは他者の他性を最初に特徴づけているような現象なのだろうか。というのも、幼児が初めて他者の、たとえば母親の存在に気づくとき、幼児が母の「顔」のうえに読み取るのが「汝殺害を犯すなかれ」だとは、どうしても思えないからである。

そのこととも関連して第二に、そもそも殺人の禁止は生の覚知を前提としているのではないだろうか。しかるにレヴィナスの場合、「生」の現象性を主題化しているような発言は、きわめて乏しいと言わざるをえない。

では「汝殺すなかれ」という言説そのものが、生の覚知を意味しているとは考えられないだろうか。しかしながらレヴィナスには、動物は「顔」を持たないとする有名な言葉がある。「諸事物の破壊も狩りも諸生物の撲滅も――顔をめざしてはいない〔……〕。他者は私が殺したいと欲しうる唯一の存在である」。他方、責任を取ろうとしない人間もいる。やはり有名なレヴィナスの差別発言によれば、「幼児期」は「至高の無責任」によって特徴づけられ、「愛される女」は「責任なき幼児期の地位に帰る」のだという。要するにレヴィナスには、一方に〈殺生を禁ずる〔＝顔を持つ〕生体〔＝人間〕〉と〈殺生を禁じない〔＝顔を持たない〕生体〔＝動物〕〉との区別があり、他方には〈他者に対して責任を負おうとする生体〔＝成人男性等〕〉と〈他者に対して責任を負おうとしない生体〔＝動物、幼児、愛される女性等〕〉との区別がある。つまり生と生との関係は、「汝殺害を犯すなかれ」の倫理的関係以前に、すでに始まっているのである。

生の覚知についての発言がいかに乏しかろうと、レヴィナスはそれを前提とせざるをえないのだし、それが「超越」とはおそらく別の構造を有しているであろうことも、やはり想定しておかなければならない。「生」とは私にも他者たちにも、動物にさえ共通に認められなければならないような〈一〉である。そしてレヴィナス的倫理やその正義でさえ、あらかじめ〈生の尊厳〉のようなものを前提としておかなければ、成り立ちえないのではないだろうか。

Ⅳ　死と将来

「生」は「死」の前提でもあり、そして死の将来は、レヴィナスの時間論を特徴づける一契機でもある。つまり、とりわけ初期のレヴィナスによれば、現在は「自己から出発して」過去を想起し、未来を予期するのだが、それ自身は過去でも未来でもない。しかるに「時間」とは、とりわけ「将来」とは、「現在の復活」、「《私》の復活」であり、そして「新しい誕生の条件」とは《私》の「死」である。しかも「今」においては私は「可能的なものを把捉する主人」だが、死はけっして「今」とはならない。死とは「把捉しえないもの」なのである。「死はけっして引き受けられない。死は到来する」。死の接近は、われわれが「何か絶対に他であるもの」に関わっていることを示しており、そして「いかなる仕方でも把捉しえないもの」が「将来」である。将来は「絶対に不意打ちする」のである。

〈不意打ちする将来〉ではなく〈不意打ちする現在〉というわれわれの考えについては、前章でも述べた。私は私が死んでいるということを経験することなどできないが、しかし、私の死は予期とか予料とかとは別の仕方で、もっと身近に経験されている。後年のレヴィナスも、「死による触発」は「情感性、受動性」だと述べているではないか。そして「将来は、絶対に不意打ちする」ということさえ、それがいまから予期されているのであれば、真の「不意打ち」とはならないだろう。むしろ「不意打ち」とは、瞬間ごとに自らの有をただひたすら受動的に受け取ってゆかざるをえないわれわれ自身の「自己現在」の有り方を、端的に示す言葉ではないだろうか。

V 〈一における多〉〈一なき多〉の可能性の条件としての〈多なき一〉 それでは〈一なき多〉は、いかにして可能となるのだろうか。そこで死の絶対将来を、「瞬間のなかの持続」というわれわれ自身の立場から、考察し直してみることにしよう。そのつどの瞬間の自己受容という非連続は、それまでの持続全体の不可分の一性という連続を伴っている。仮にこのような非連続と連続を「第一次非連続」、「第一次連続」と呼ぶのだとするなら、ここにはまだ〈多〉の措定はなく、〈一における一〉しか存在しない。このような「非連続」は、まだ「連続」との対比においての非連続ではないのだとわれわれは述べた。それゆえこのような「非連続」も、またこのような「連続」さえ、まだ肯定と否定との手前にある。

しかし自己受容の反復があとから回顧されるなら、瞬間ごとの非連続が、そのつどの全体変化とともに、時間地平上の〈多〉へと分割される――これを「第二次非連続」と呼ぶことにしよう。けれどもこのような第二次非連続は、そのうえに〈多〉が分割されるような、時間地平という「第二次連続」なしには不可能である――ちなみにこのような非連続なら、否定の言葉で言い表されることもあろうし、そうでないこともあろう。ヘーゲルのようなひとならそうするし、ゲーテのようなひとならそれを嫌う――。それゆえ〈多〉を受容する現在の一性のみならず、持続の地平の一性が、〈一なき多〉の成立を妨げる。

そこで〈多〉は将来に振り向けられる。死の将来にはポジティヴな経験がなく、死による触発はすでにして現在の生である。だがもし諸瞬間の〈多〉が次の瞬間の非連続へと振り向けられ、次の瞬間の保証無さが瞬間ごとの自己受容のネガティヴな側面としてことさらに取り出されるのだとするなら、死そのものは絶対将来となって、私を触発し始めるであろう――かくして〈一なき多〉は、〈多なき一〉と

〈一における多〉が生起したあとにしか、成立しないのだということになる。

第二節　歴史と文化の根底へ

自然の内実という問題に移行するなら、実質的に「自然」に対比され、「自然」に対する対概念を形成すると目されるのをつねとするのは、「歴史」や「文化」であろう。先にも見たように、一方で自然もしくはピュシスは「自ずから立ち現れるもの」と規定されるのに対し、他方では「自然は隠れることを好む」（ヘラクレイトス）と、換言すれば「自らを開蔵する（＝顕わにする）ことは、自らを覆蔵する（＝隠す）ことを好む」、もしくは「立ち現れることは（……）自らを閉鎖することに好意を寄せている」（ハイデッガー）等々と述べられたりもする。しかるにそれは、「自然」が「歴史」のなかでしか立ち現れないとみなされているから、あるいはまた「自然」が「文化」から識別しがたいと考えられているからではないだろうか。

(1)　世界と大地の闘い

たとえばハイデッガーの場合、その前期・中期・後期の思索を通じて変わらなかったのは、「自然」、「ピュシス」あるいは「大地」が、「歴史的なもの」とみなされ続けているということである。しかしそのような主張は、いかにして成立しえたのだろうか。またそのような考えは、本当に正しかったのだろうか。

I 「世界内部的な有るもの」としての自然

一九二〇年代後半の前期ハイデッガーの場合、「自然」は概ね以下の三つの意味で捉えられているように思われる。第一は、自然科学の意味での、もしくは「直前的にあるもの（Vorhandenes）」という意味での自然であり、ときとしてこの意味での自然に「脱世界化」という言葉が用いられることがあるのだとしても、それは「周界（Umwelt）」の貧困化という意味で使用されているだけなのであって、結局のところ、自然は「世界の内部で出会われる〔……〕一つの有るもの」である。第二は、道具とともに出会われ・それ自身道具的に発見される自然であり、それは「周界自然（Umweltnatur）」とも呼ばれていて、この意味での自然は最初から歴史的なものとして理解され、やはり「世界内部的な有るもの」である。第三は、われわれを包み抱く自然、現有が情態的に-気分づけられた現有として有るもののただなかに実存していることによって、現有のうちで顕わとなる自然であり、それは「ロマン派の自然概念の意味での《自然》」とか「或る根源的な意味における自然」とか呼ばれてはいても、これもまた「世界内部的な有るもの」と言われている――以上三つの意味において、自然はいずれも「世界内部的な有るもの」として捉えられているのだが、この期のハイデッガーの講義のなかでは、必ずしも世界内部性が属していないような「自然」についても言及がなされている。

しかるに前期ハイデッガーの「超越論的哲学」の構想によれば、「世界」とは現有の自由な超越によって企投され形成される超越論的地平でしかない。ゆえにそのような世界は、けっして自ずから立ち現れることなどできないだろう。また有るものは「世界」のうちに入ることによって露開され、かくして「歴史」のうちに入るとみなされているのだから、世界を離れては何ものも立ち現れることさえできないのだということになる。したがっていずれの意味に解しても――世界内部的な有るものとしても、世界内部性が属さない有るものとしても――「自然」はけっして「自ずから立ち現れるもの」ではありえないのだということになってしまう。現れた自然が歴史的なものとしてしか理解されないということも、理の当然なのである。

Ⅱ　世界と大地

三〇年代の中期ハイデッガーは、「没歴史的（geschichtslos）」な「自然」より、「歴史と関連（geschichtsbezogen）」した「大地」の方が、「いっそう根源的」だと主張し始める――あるいはむしろ、自然それ自身を歴史的な大地として考え始める。なぜなら「歴史抜き（geschichtsfrei）に《自然》について何かを言い、《自然》を把握することができると思う」のは、「誤謬」だからである。

そのような「大地」は、「世界」との関わりのうちで、しかも「闘い（Streit）」という或る特異なる関係のもとに捉えられている。ハイデッガーによれば、「世界」も「大地」も、ともに「有るもの全体からの一切片」ではなく、まさしく「有るもの全体の現成」である。そして両者はともに「有るもの全体の有」に属すがゆえに、両者のあいだには「不和」や「競争」ではなく、「闘い」があるのだという

――もう少し詳しく見るなら、「世界」とはつねに「精神的世界」であり、「大地的なもの」とは「物的なもの」である。またそのようにして「世界」が「自らを開く」のだとすれば、「大地」とは「自らを閉鎖する」ものである。かくして世界と大地とは正反対の性格を有するがゆえに、両者の「闘い」のなかで初めて世界は世界として、大地は大地として、存立しうるのだということになる。それはハイデッガー的な意味での「真性」と「非真性」との、あるいは「非覆蔵性」と「覆蔵性」とのあいだの「闘い」なのである。

Ⅲ　真性をめぐる世界と大地の闘い　つまりギリシア語の「アーレーテイア（真理、真性、隠れ-無さ）」が示すように、彼は「真性」が意味するのは「非覆蔵性」であり、しかも真性ないし非覆蔵性は「覆蔵性」もしくは「非真性」から「強奪」され、「略奪」され、「戦い取られ」なければならないと考えているのである。「開蔵態、つまり覆蔵を超克することは、それが自らにおいて覆蔵性に対する或る根源的な闘争（Kampf）でないなら、本来的にはまったく生起しない」。そして真性が「生起する」とき、真性は「歴史」のうちに突入するのだという。「非覆蔵性は、ただ立て続けの解放の歴史のうちでのみ、生起する」のである。

『芸術作品の根源』でも、「作品の作品で有ること」が「世界と大地のあいだの闘いの争闘（Bestreitung）」のうちに求められ、「明け開けと覆蔵の根源的闘い」について語られている。なぜならハイデッガーによれば、「たんなる物」には「自らを抑止すること」が属していて、「目立たぬ物」こそが「最も頑なに、思惟から脱去する」からである。それゆえにこそ「大地」が「自らを閉鎖するもの」として「立ち現れる」ためには、それは「作品」における「世界の開け」を欠くことができない——たとえば神殿が立つことによって、初めて岩石はその担うことの暗さを顕わにし、嵐はその威力を示して、樹木や草、蛇やコオロギも、それらしく見えてくる。作品のなかで初めて石は石として、色彩は色彩として輝きを帯びる。そしてそのような作品の創設こそが、歴史の始源なのである。「芸術が生起するとき、すなわち或る一つの始源があるときにはいつでも、歴史のうちに一つの衝撃がやって来て、歴史が初めて、もしくはふたたび始源する」。

Ⅳ　闘う必要のない大地の現れ

しかしながら、「作品は、大地を大地で有らしめる」とは、さすがに言いすぎではないだろうか。たしかに作品は、ハイデッガーも言うように、大地を「ことさらに」顕わにしはする。けれども〈ことさらなるもの〉は〈ことさらならざるもの〉を前提としているというのが、道理ではないだろうか。大地の閉鎖性について、たとえばハイデッガーは、石は重くのしかかり、その重さを知らしめるが、同時に石の重さはあらゆる侵入を拒んでいると述べている。岩石を粉砕しても、秤のうえに載せてみても、「のしかかるということ」はかえって奪われてしまうだけだし、また色彩を「振動数」へと解体しても、色彩そのものが抜け落ちてしまう——しかし、それは本当に大地の「閉鎖性」の真相なのだろうか。そのうえもし作品のうちに入るまでは、われわれは岩石の重さや色彩の輝きにはまったく気づかないというのであれば、そもそも芸術家はそれらを使おうとさえ思いつかなかったのではないだろうか。

同じことは「世界」に関しても言えよう。ハイデッガーは「作品で有ることとは、或る一つの世界を設立することを謂う」と述べてはいるのだが、しかし、たとえばゴッホが農夫靴を描くまでは、農夫は世界を持たなかったわけではない。「石は無世界的」であり、「植物も動物も同様に世界を持たない」のに対し、「農婦は一つの世界を持つ」と述べているのは、ハイデッガー自身なのである。それともそれはゴッホが絵を描いたあとのことであって、絵が描かれる以前には、農夫や農婦は石や動植物なみだったとでもいうのだろうか。

概してハイデッガーには、「非真性」を「真性」の方から、「言いえないもの」を「言いうるもの」の方から思惟する動向があるのと同様に、「ことさら」ならざるものをも「ことさら」なるものの方から把捉しようとする傾向が強い。しかし、それは表明的な知としての哲学の方からの一方的な押しつけであり、目立たぬものを目立たぬままに捉えようとする態度からは懸け離れた、一種の「強要」ではないだろうか。逆にもしわれわれが目立たぬものの目立たぬという仕方での現象性に意を用いるのであれば、大地ないし自然は、作品のなかで世界と闘って、ことさらに顕わならしめられる必要もないのだということになる。

V　歴史に無頓着な自然

ことさらに顕わならしめられ、文字通り「作品」化されてしまった大地は、真に大地的な大地でも真に自然的な自然でもない。真に根源的な自然は、世界との闘いのうちに入る以前に、すでにことさらならざる仕方で現象しているのでなければならないはずだし、またそのような自然は、ことさらに戦い取られた真性が始源せしめる「歴史」には無頓着なままに、目立たぬ仕方で現れているはずである。

「将来の大地の歴史は、ロシア人のいまだ自己へと解放されざる本質のうちに取っておかれている。世界の歴史は、ドイツ人の省察に委託されている」と、三八／四〇年の或る論攷は述べている。けれども「或る歴史的な民族の大地」というような考えは、われわれからするなら、「大地」についての真に根源的な考えからはほど遠い。ハイデッガーのこのような時事的・時局的な発言に対しては、歴史によって歴史を根拠づけ、正当化しようとする試みの循環性を、指摘すべきであろう。それを恐れずに循環のなかにこそ入ってゆくべきだと主張する者は、しかし、同じ循環を共有しない者に対しては、何の説得力も持たないのだということを、忘れてはならないだろう。

(2) 歴史の根底としての自然

しかしこのような「歴史」優位の考えは、四〇年代以降の後期ハイデッガーにおいても、原則的には維持されている。そしてそれは、相変わらず真性／非真性をめぐる彼特有の思想から帰結していると言えよう。

I 「技術的に統治しうる自然」と「自然的な自然」 後期ハイデッガーにおける「自然」の問題は、

二つの文脈のなかで捉えることができる。第一は「技術的に統治しうる自然」であり、第二は「自然的な自然」、すなわち「世界」のもとにある「大地と天空」である。まず第一の自然は、何かを立てる、用立てるという体制の集摂としての「摂 - 立（Ge-Stell）」のもとにある自然、「用象（Bestand）」とみなされた自然である。発電所のための、自然エネルギーの「徴発」のための用象でしかないライン河がそうであり、「休暇産業」が用立てた「風景」としてのライン河でさえ、「旅行団」の訪問のための「用立て可能な客体」にすぎない。そして「用立てることの連鎖」のなかでしか現れないこのような自然が、自ずから立ち現れえないことは、論を俟たない。そのうえそれは、間違いなく歴史的なものである――なぜなら「摂 - 立」こそが「技術の本質」なのだが、ここで言われている「技術」とは、「近代技術」のことだからである。

第二の「自然的な自然」は、「四方（Geviert）」と名づけられた「世界」のもとにある「四者」（大地・天空・神的な者たち・死すべき者たち）のうちの、「大地」と「天空」とによって代表される。ここではもはや「闘い」については語られず、むしろ「四者」が互いを映し合いながら輪舞する「鏡映 - 遊戯（Spiegel-Spiel）」が「世界」と呼ばれている。けれどもまず、「世界は、言葉があるところにのみ、ある」とハイデッガーは考えるのだが、彼の場合、言葉は歴史的なものであり、そのうえ言葉の本質は民族によって「まったく別のもの」である。したがって「世界」は歴史的・民族的に別様に現出せしめられ、世界のもとにある「大地」や「天空」も、歴史や民族に相対的に現出せしめられるほかない。第二に、特に晩年のハイデッガーは、「エポック的な有の様々な諸形態」を送り遣わす者たる「性起」それ自身は、「非歴史的」にして「没歴運的」なものだと考えるようになるのだが、しかし、「死すべき者たち」や「神的な者たち」とならんで、「大地」や「天空」を「遣わす者」とみなすことはできない。それゆえ「大地」や「天空」は、歴運的に送り遣わされるよりなく、歴史的に現出せしめられるほかない——つまり、自ずからは立ち現れえないのである。

Ⅱ　歴史の由来と真性／非真性の問題構制　少し補足するなら、前期や中期のハイデッガーにおいても、歴史の由来は非真性から真性への移行のうちに求められていたのだが、後期の彼も、「有」が「有るものの非‐覆蔵性」のために「自制」し「自らを覆蔵」することから、「有の歴史」というものを考えようとする。「有の歴史とは、有の歴運のことを謂うが、その遣わしにおいては、遣わすことも遣わすそれ（Es）も、それら自身を告げつつ、自制する。自制することは、ギリシア語では、エポケーと謂う。それだから、有の歴史の諸エポックについて、語られるのである」。

なるほど晩年の彼は、「遣わすそれ（Es）」たる「性起」それ自身は「非歴史的」にして「没歴運的」であり、「性起のうちに現入する思索」にとっては「有の歴史は終わっている」と述べつつ、「有の歴史の終焉」について語るようになりはする。しかしながら、この場合の「性起」と「有」との関係は、ちようど「有はけっして有るものなしには現成しない」という言葉を、第四版では「有はなるほど有るものなしに現成するが」に書き換えてしまった『形而上学とは何であるか』への《あとがき》における

「有」と「有るもの」との関係と、同じように考えられるのではないだろうか。つまり、遣わされる「有」との関係を捨象して遣わす「性起」それ自身のうちに現入する思索にとっては、「有の歴史」はもはや終焉しているのかもしれないが、しかし遣わされる「有」それ自身のことを考えるなら、「有の歴史」はやはり存続する。「性起においては、有の歴史がその終焉に到達したというよりも、いまや有の歴史として現出する」のである。

ハイデッガーは「性起」に固有の「動性」について語り、いまやそれとして示される「脱去」や「覆蔵」のことを「脱性起」と呼んでいる。「性起としての性起には、脱性起が属している」。それゆえ後期ハイデッガーの Seynsgeschichte〔真有の歴史〕を、送り遣わす者の側から見るなら、その由来は性起／脱性起だが、しかし送り遣わされるものの側から見るなら、相変わらずそれは有それ自身の真性／非真性である。

Ⅲ　有るものの真性／非真性と有それ自身の真性／非真性　しかしながら、そもそも真性／非真性とは何であろうか。そして有の覆蔵性とは、本当に有の非真性のことなのだろうか。

ハイデッガーの場合、「真性」は大略以下の三つのレヴェルに区分しうるように思われる。⑴正しさとしての命題真性。⑵有るものの有という意味を含んだ有るものの真性。⑶有それ自身の真性。同様にして「非真性」においても、とりあえずは、⑴正しくないこととしての命題非真性、⑵有るものの有を前提とした有るものの非真性〔有るものの有を前提としたオンティッシュ‐オントローギッシュな非真性〕、⑶有それ自身の非真性、以上三つのレヴェルを区別することができよう。ただし彼の場合、「非真性」にはさらに「量的」な意味と「質的」な意味が、つまり未経験という意味と偽装という意味とが区別されているので、非真性は、さらに以下のように細分されよう。すなわち、(1)命題非真性は、(a)内容が未経験の命題と、(b)偽なる命題とに。(2)有るものの非真性は、(a)未経験の有るもの〔それは「有るもの」の経験として想定されているかぎりで、「有るものの有」を前提とする〕と、(b)有るものの仮象、偽装された有るもの〔やはり「有るものの有」を前提とする〕とに。(3)有それ自身の非真性は、(a)未経験の有それ自身〔「有るもの」にのみ留意して「有それ自身」が「観取」されないというようなケースも含む〕と、(b)有それ自身の偽装〔たとえば「摂‐立」が「世界四方」を偽装すると言われる場合のように〕とに。

しかしまず、有それ自身は本当に、有るものの真性のために自らを隠し通せるのだろうか。「有の理解」は「有るものの経験」に「先立つ」というのが、ハイデッガーの基本的なスタンスだったのではないだろうか。もちろんそのような「有の理解」は、まだ「表明的」な「有の把握（Begreifen）」ではないのかもしれない。それはまだ彼の言う「有論的（ontologisch）」な有の理解ではなく、「前概念的」な、つまりは「それ自身に覆蔵された、すなわち非表明的な、前有論的（vorontologisch）な有の理解」にすぎないのかもしれない。けれども「前有論的な有の理解」とて、やはり「有の理解」であり「有の真性」なのではないだろうか。

Ⅳ　有それ自身の非真性の意味の再検討

それゆえわれわれは、「有の真性」について語られ、「有の覆蔵性」について語られるとき、異なる二つの事態に直面していると考えてはならない。むしろ同じ一つの事態が、いかなる意味で有の真性と言われ、しかしいかなる意味では有の非真性と言われなければならないのかをこそ、理解するのでなければならない。

或る講義は、「有るものの開顕性」と「有の覆蔵性」とを対比しつつ、「有」はなるほど「理解」されてはいるが、しかし「有としてことさらに把握されてはいない」と述べている。逆に言うなら、「有はたとえことさらに掌握（erfassen）されてはいなくても、理解されてはいる」のである。そして或る別の講義によれば、「ことさらに掌握されていない」ということが「覆蔵されている」ということなのだが、ただしそれは、「非主題的、非対象的、前概念的」ということにすぎない——しかしわれわれは、ことさらなる現れのためにですら、ことさらならざる現れにこそ、留意しなければならないのではないだろうか。

有のいわゆる「非真性」の第二の、「質的」な意味に関しても同断である。『有と時』以来、「仮象」は「現象」に基づくというのが、ハイデッガーの基本的な考えだったのではないだろうか。ときとして彼は、「現-有」に対する対概念として、「現-有の非本来性」を表す「去-有（Weg-sein）」という語を用いているのだが、その「去-有」について、前期の彼は、「あらゆる去-有は、現有を前提としている。去で-有りうるためには、われわれは、現で-有らねばならない」と述べている。また有それ自身の偽装という問題は、後期では「摂-立」の問題として扱われ、「摂-立」は「四方の自己自身を偽装する性起」、「性起の写真的ネガ」、「世界の拒絶」等々と言われている。しかし中期の彼は「かの第一の始源およびその歴史も、真有の歴史の別の始源から初めて〔……〕開けのうちにいたる」と述べているのだし、後期にも「有それ自身をめぐる、性起をめぐる思索において、有の忘却が、初めて有の忘却として、経験可能になる」と語られているのである。偽装を偽装として経験するためにさえ、有の真性が前提とされていなければならないというのが、ものごとの道理なのではないだろうか。

何かを現出せしめるものは、何かを現出せしめるというまさにそのことによって、自らを覆蔵するのだが、それでも目立たぬ仕方で、現れている。有それ自身の非真性は、「非真性」という語の第一の意味においても第二の意味においても、有それ自身の真性を、根源的真性として前提しているのである。

V　根源的真性としての自然

われわれはそのような根源的真性が「自然」であるということを、ハイデッガー解釈として直接主張するつもりはない。ただそのような解釈を誘発するような要素が彼の思索のなかにまったくないと言い切ることもできないのではないか、くらいには考えている。たとえば「ピュシス」は「目立たぬもの」と規定されている。それは「目立たぬもの」ではあっても「見えないもの」ではなく、「ことさらに観取されたもの」ではなくても「始源的に見られたもの」である。「ピュシス」とは「目立たぬ輝き現れ（das unscheinbare Scheinen）」なのである。また「ピュシス」に関しては、「その本質にしたがって自らを開蔵し、開蔵しなければならないものだけが、自らを覆蔵することを好みうる」とも言われているのだが、そのさい「立ち現れることである同じものが、自らを覆蔵することである」とされている――ピュシスのこのような現れ方こそが、ことさらならざる根源的真性に、ふさわしいのではないだろうか。

そしてもし「自然」が真に「自ずから立ち現れるもの」であるなら、「自然」はもはや前期のように「世界」という超越論的地平のもとには立ちえず、「大地」は中期のように「世界」と闘い合う必要もない。いずれにせよ、それらは「歴史」のなかに突入する必要などなく、歴史には無頓着なままに立ち現れることになるだろう。また後期においても、何かは送り遣わされることによって現出せしめられ、歴史的・歴運的なものとなってゆくのだから、もし〈自ずから立ち現れるもの〉が存するなら、それは〈遣わす－遣わされる〉の関係を離れて、歴史とは没交渉的に立ち現れるのだということになる。そして「自然」もしくは「ピュシス」は、非歴史的なものとして歴史の根底にあるからこそ、すでに「第一の始源」として古代ギリシアにもあり、またハイデッガー自身の「四方」のうちにさえ顔を覗かせていたのではないだろうか。

(3) 文化の根底としての自然

他方、「生」や「自然」の代わりに「文化」を前面に押し出すような考えもある――現代においてこのような立場を代表するのは、たとえばカッシーラーである。しかし『象徴形式の哲学』を始めとする成熟期の彼の哲学において顕わだったのは、文化は文化だけではけっして自己完結しないということだったのではないだろうか。またカッシーラーからの影響も大であったメルロ＝ポンティの場合、一方では「文化」の基底に「自然」があるという主張が顕著なのに対し、他方では「自然」と「文化」との判別がいかに困難であるかが、強調され続けている――われわれは、われわれ自身の立場でもあった〈瞬間のなかの持続〉そのもののなかで、「文化」と「自然」を識別する発生論的な試みを、貫徹しなければならないだろう。

I 「文化の哲学」と生

カッシーラーの場合、すでに『象徴形式の哲学』の「序論と問題設定」のなかで、〈文化の超越論的哲学〉、〈記号の機能（函数）主義〉、〈生の哲学〉という三つの哲学が、奇妙な仕方で共存しているように思われる。すなわち第一に、彼は世界理解のための諸形式を、「科学的認識」だけではなく「言語」、「神話」、「芸術」、「宗教」にまで拡張しようとしつつ、「理性の批判」が「文化の批判」とならねばならぬ旨を説く。また第二に彼は、それら共通の「媒体」として「象徴（シンボル）」ないし「記号」を指摘する――意識においては「今」が「以前」と「以後」を、「ここ」が「そこ」と「あそこ」を表現するように、「多」は「一」の、「一」は「多」のなかにあって、「現前（*Präsenz*）」は「再現前化（表出 *Repräsentation*）」なしには不可能である。けれども第三に、彼は「生の純粋無媒介性」という「楽園」は、われわれには閉ざされているとして、「媒介」の多様性と充実とを旨とする「文化の哲学」に邁進するような「決断」を披瀝しはするのだが、しかし彼の成熟期の哲学が、そして『象徴形式の哲学』でさえ、けっして「生」やその「表現」機能について語るのをやめなかったということも、周知の事実なのである。

つまり彼の第一と第二の哲学、すなわち〈文化の超越論的哲学〉と〈記号の機能〔函数〕主義〉とは、文化や記号の媒介性を旨としつつ、両者相俟って〈記号化され・函数〔機能〕化された文化の超越論的哲学〉とも言うべき、彼特有の『象徴形式の哲学』の構想を実現することになる。もちろんこのような媒介性は、同時に「距離措定」でもあり、「疎外」でさえある。「魂が語るなら、ああ、もはやすでに魂が語るのではないのだ」というシラーの言葉を、カッシーラーは好んで引用する。あらゆる記号には「媒介性の呪い」がまとわりついていて、それは「開顕したいところで、包み隠さなければならない」――しかしながら、このような彼の嘆きは、もちろんフェイントでしかなく、彼は「無媒介的に‐与えられたもの」からの「前進的な遠ざかり」こそが、むしろ言語や芸術の形態化の価値を形成するのだと考える。ひとは人間を「人間の文化という鏡」のうちに観取することによってのみ、「人間の《本質》についての認識」を獲得することができるのであって、「この鏡を裏返して、鏡の背後に何が横たわっているのかを、見ることなどできない」……。

Ⅱ　文化の媒介性と生の直接性

しかしながら彼の第三の哲学が、第一と第二の哲学の構想に逆らう。

たとえばすでに『象徴形式の哲学』の第三巻が、「純粋表現機能」は神話、理論等々への歩み別れに先立つ包括的な機能であって、その「真理」はいまだ「前‐神話的」、「前‐論理的」、「前‐美的」だと述べている。純粋表現機能はすべての精神的形態化の「共通の基盤」であり、しかも「表現‐知覚」は

「物-知覚」に対してさえ、「われわれにとって先《プロテロン・プロス・ヘーマース》」であるのみならず、「本性において先《プロテロン・テー・ピュセイ》」でもあるような「原現象（Urphänomen）」なのである——それでは〈文化の超越論的哲学〉の根底には、文化以前の〈生の表現現象〉が、存しているということになるのではないだろうか。

また『象徴形式の哲学』の第三巻に見られる「象徴」の定義はきわめて曖昧で、「記号」と「表記されたもの」の関係に関して、いったいそれは両者の「差異」や「二重性」を強調して「絶対に-単純なもの」を否定したいのか、それともここには「核」も「外皮」も、「第一のもの」も「第二のもの」も、「一」も「他」もないということを重視したいのかさえ、よく分からない。しかしながら、たとえばもし「羞じらいの赤（Schamröte 赤面）」の分析において、「赤」と「羞じらい」とのあいだにあるのは「赤裸なる同一性」でも「たんなる相違」でもなく、むしろ「自らにおいて区別され分節された、一つの統一（一性）」であるというカッシーラーの言明が、すでにして〈たんなるセンス・データ〉という先入見に基づいた「或る抽象の産物」でしかないのだとするなら、おそらく〈生の哲学〉は、〈記号の機能（函数）主義〉とは、両立しえないことになってしまおう。

大切なのは、鏡のなかや鏡の背後を探ることではなく、むしろ頑として鏡の手前に留まり続けることだったのではないだろうか。なぜなら生の無媒介性は文化の媒介性の「原根拠」だからであり、そしてカッシーラー自身の言により、ここには「《自然》（ピュシス）」もまた含まれているのである。

Ⅲ　文化の基底としての自然

『知覚の現象学』のなかで、メルロ＝ポンティは「〔……〕あらゆる文化的対象は、自然という基底に送り返し、あらゆる文化的対象は、自然という基底に基づいて現れるのだが、ちなみにこの基底は、混乱して遠いものでありうる」と述べている――この言葉が端的に示しているように、メルロ＝ポンティの場合、一方では「自然」は文化の「基底」とみなされ、「文化的」な生は「自然的な生」から「その諸構造を借りている」と考えられている。「自然的な主体」としての「身体」は、「文化によって変形されている」ときでさえ「自然に根差して」いて、身体とは「自然的な私」であり、その相関者たる「自然的世界」は「すべての諸地平の地平」、「すべての諸様式の様式」なのである。しかしながら他方では、『知覚の現象学』は「自然的」なものと「文化的」なものとを区別することの難しさを、指摘し続けてやまない。「人間においては、すべてが製作されており、すべてが自然的である」、等々。

たとえばたしかに一方では、メルロ＝ポンティは「世界の土着的な意味」というものを称揚する。それは「世界とわれわれの受肉した実存との交渉」のなかで構成され、「あらゆる決意的な意味付与」の「土壌」を形成するものである――それはあらゆる文化的な意味付与に先立ってその基底を構成する、自然的世界の原初的意味ではないだろうか。しかるに他方では『知覚の現象学』は、「習慣の第二次的な受動性」も認めている。つまり、たしかに「文化的諸対象」を特徴づける「〈我〉の構築」や「能動性」や「創造」に対しては、権利上、自然は「或る根源的な受動性」によって規定されうるのかもしれないが、しかし事実上、われわれは自然の「根源的な受動性」と文化の「第二次的な受動性」を、区別するのが難しいのである。

Ⅳ　自然の有論　後期メルロ＝ポンティが「有論への道」として「〈自然〉の有論」を構想していたということは、よく知られていよう。第一章でも見たように、「われわれの内なる〈自然〉」は「われわれの外なる〈自然〉」と「何らかの関係」を有していて、「われわれの外なる〈自然〉」は「われわれがそれであるところの〈自然〉」によって「開示」される。「世界」や「〈有〉」がどのような本性のものであろうとも、「われわれはその部分である（*nous en sommes*）」、そしてそれゆえにこそ「われわれは、われわれの内なる自然によって、〈自然〉を認識しうる」のである。かくして「〈自然〉の深化」が「他の諸々の〈有〉」や「〈有〉におけるそれらの連鎖状況」について解明してくれることになり、「自然な‐有」や「自然的に有ること」を明らかにすることによって、同時に「人間‐有」や「神の有論」が予期されるのだという。

それは「私の身体の、私の身体と世界の、私の身体と他の諸身体の、そして他の諸身体相互間の、非区分（indivision）」あるいは「私‐世界の、世界の、世界とその諸部分の、私の身体の諸部分の、あらかじめの一性（unité *préalable*）、分離以前の、多数の諸次元以前の一性」から、つまりは「無‐差別（*non-différence*）」から出発しつつ、「分離」や「裂開」を経て、「〈有〉の内部から生ずるような〈有〉への関係」もしくは「有に内的な志向性」に到達するような「内部有論（Endo-ontologie, Intra ontologie, ontologie du dedans）」である。端的に言うなら、後期メルロ＝ポンティにおいては、もともとは一性から成る「有論」と、「分離」や「可逆性」という二元性に依拠する「現象学」とが乖離してしまったからこそ、一方では彼は「文化的‐歴史的な地盤（*Boden*）」は「自然的な地盤（大地）」のうえに「建て」られ、諸文化の「交流」は「それらが両方ともそこで生まれたところの野生の領域によって行われる」と主張しつつも、他方では「二つの次元（自然的と文化的）の区別は、抽象的である」と、述べざるをえなくなってしまったのではないだろうか。

けれどもメルロ＝ポンティは、芸術家や哲学者でさえ、芸術以前的なもの・哲学以前的なものに「促され」、「唆され」、「動機づけ」られ、「要請」されているのだと考える。それは、たとえことさらに自覚されたものではなかったとしても、それでもわれわれを動かすに足る、立派な「現象」ではないだろうか。そしてそれこそが、前期の「世界の土着的な意味」と同様に、後期の彼も語り続けている「生まの〈有〉の無動機的な出現（le surgissement immotivé de l'Être brut）」、つまりは〈自然〉の現象なのではないだろうか。

V　瞬間のなかの自然と文化

しかしながら、たしかにメルロ＝ポンティも述べているように、何が自然で何が文化に属するのかの判別は、つねに難しい。それはもともと文化というものも自然によって促されて生い育つがゆえに、なおさらそうなのだろう。われわれ自身がベルクソンとフッサールの時間論の調停をめざして行った〈瞬間のなかの持続〉という試みのなかにも、「自然」の要素と「文化」の要素が、いまだ混在していたように思われる。そして〈瞬間のなかの自然と文化〉を識別するためにわれわれの取るべき方途とは、ベルクソンの発生論的考察やフッサールの「発生的現象学」の方向を逆転して、「同じもの」の、すなわち諸々の「類」や「類型」、「一般性」や「一般観念」等々の、あるいはことさらに意識された「個別」の発生にさえ先立つような、発生の根源にまで遡ることによって、文化的なものとして習慣化され習性化されて沈殿する以前の原初的な生や自然に、回帰することなのである。

ベルクソンは、「知覚が知覚された対象と一致するところの非人称的な基底は、留まる」と述べている。それゆえ自然と一体化した〈瞬間〉のなかに、主観‐客観関係に基づくあらゆる表象や客観的事実や主観的偏差を免れた〈持続〉の真の実質を求め続けることは、おそらくは可能なのである。そしてそのような〈留まる基底〉とは、時間地平上に準現前化された諸々の思い出や「性格」をさえ排除した、情感的な直観である。フッサールもまた「本能‐アフェクション」によって「規制」された「最初の周界の構成」について語っており、そしてロール＝ディーチの研究によれば、「区別しうる諸対象」についての意識が成立する「はるか以前」に、「周界」は「惹きつけるもの（Anziehendes）」とか「反発させるもの（Abstoßendes）」とかいった初歩的な「諸性質」によって、「分節」されて「現出」するのである。

ベルクソンの『二源泉』は、山に対する「或る新しい独自の情動」を創造したのはルソーだと述べつつ、「今日でもその情動をわれわれに体験させているのは、山と同様、山以上に、ルソーである」と語っている。しかしながら、たとえ「自然一般」がいつの時代にも引き起こす「感情」のうえに、誰かが「新しい情動」を創造することがあったのだとしても、前者はやはり後者という「新しい楽器の独自の音色」が飾ろうとしている「先在する音符」なのだという。多少とも長くはなるのだが、本節の最後を締め括るものとして、同書から以下のベルクソンの言葉を引用しておくことにしたい。「〔……〕文明化された者と、原初的な者とのあいだの差異が、どれほどラディカルであろうと、それはただ、幼児が彼の意識の最初の覚醒以来蓄積してきたものにのみ、由来する。文明の諸世紀のあいだの人類のすべての諸獲得物が、そこに、彼のかたわらにあり、彼に教えられる学問のうちに、伝統のうちに、諸制度のうちに、諸慣例のうちに、彼が話すのを学ぶ言語の統辞法や語彙のうちに、彼を取り巻く人々の身振りのうちにまで、預けられている。本源的自然の岩石を今日覆っているのは、腐植土のこの厚い層である。〔しかしながら〕どれほどこの層が、無限に多様な諸原因のゆっくりと積み重ねられた諸結果を表象しようとも、無駄である。それでもこの層は、それがそのうえに置かれていたところの土壌の一般的布置を、採用しなければならなかったのである」。

第三節　行為と無為

「自ずから然り」という意味での自然は、当然のことながら「自ずから然り」という生き方、すなわち作為的ではない自然体の生き方という問題にも関わってくる。われわれはそれを〈自由／非自由〉もしくは〈行為／無為〉という問題構制のなかで考える――先にも述べたように、ここで言う〈非自由〉とは、自由の制限として自由を前提としているような〈不自由〉のことではなく、むしろ自由の根底にあって自由を可能ならしめているような〈非自由〉のことである。そしてわれわれがここで考察したいのは、超越論的・現象学的な意味での自由、行為の自由、倫理的な意味での自由、宗教的・形而上学的な意味での自由についてであり、またそれらの根底にあるとみなされうるような無為や非自由についてである。

(1) 自由と非自由の現象学

超越論的・現象学的な意味での自由／非自由の問題構制は、世界企投あるいは世界構成という問題の枠内で取り扱われることが多いのだが、サルトルやメルロ＝ポンティの現象学において見られる「自由」へのそのようなアプローチには、「自由」についての前期ハイデッガーの思索の影響が大きい。そしてアンリの「非自由」の主張も、とりあえずは前期ハイデッガーの「自由」に対する批判というかたちで遂行される。

I 余儀なくされた自由

たとえば論攷「デカルトの自由」のなかで、サルトルはハイデッガーの『根拠の本質について』をことさらに指示しつつ、「人間とはその出現が一箇の世界を現実存在せしめるような存在である」と言明する。「有〔存在〕の唯一の根拠」とは「自由」なのである。そしてこのような考えは、『存在と無』ではむしろ「自由」と「無化」との同一視というかたちで継承される。「人間とは、それによって無が世界にやってくるような存在である。〔……〕人間存在を隔離する無を、人間存在が分泌するというこの可能性に、デカルトは、ストア派の人たちにしたがって、一つの名前を与えた。それは自由である」。

ちなみに『存在と無』の場合、自由とは「選択する自由」のことなのだが、しかし「選択しない自由」ではない——つまりわれわれは、自由で有ることを自ら選択したわけではないのだから、選択せざるをえないほどにも自由であり、けれども自由でなくも有りうるほどには自由ではないのである。かくして condamné à être libre〔自由で有ることを余儀なくされている、自由の刑に処せられている〕という、彼の有名な定式が生まれてくることになる。しかしながらサルトルは、このような考えを貫徹して、自由の根底に非自由を置くというところにまではゆかなかった。彼にとって人間は、「まったく完全に、そしてつねに自由であるか、さもなくば人間など存在しないか」の、いずれかなのである。

それゆえサルトルによれば、乗り越えがたい「障害」が存在するということさえ、われわれの「自由」に基づいているのだということになる。なぜならそれを乗り越えようとする意図や目的を形成しているのは、われわれの自由だからである。「逆境一般」を「予描」しているのは、まさに「自由」なのである——けれどもこのようなサルトルの原理主義的な考えは、すぐさま柔軟思考タイプのメルロ＝ポンティのようなひとによって、批判されることとなる。

Ⅱ　動機づけられた自由と世界構成

つまりサルトルのような原理的自由の考えにしたがうなら、恐怖に怯える奴隷も鎖を断ち切る奴隷も、等しく自由を証していることになってしまって、かえってどこにも真の自由行為など見出されないということになってしまうであろう。けれどもメルロ゠ポンティによれば、たとえ登攀という「同じ企投」が与えられたのだとしても、この岩が「障害」としてしか現れないのに対し、あの岩は登攀のための「補助物」として現れる。それどころか登攀を決意しようがしまいが、この山はやはり大きく見えるのである。世界には「土着的な意味(sens autochtone)」というものがあって、それが「あらゆる決意的な意味付与」の「土壌」を成している。「自由とは、いったい何であろうか。生まれることとは、同時に、世界から生まれることでも、世界へと生まれることでもある。世界はすでに構成されてはいるが、しかしまた、けっして完全には構成されていなくもある。第一の点からするなら、われわれは促されており、第二の点からするなら、われわれは無限の可能的なものに開かれている」。たとえばたとえ「芸術家や哲学者の行為」が「自由」なのだとしても、彼らもまた「動機」を持たないわけではないのである。

しかしサルトルとメルロ゠ポンティには、一つの共通点がある。それは両者とも、基本的には「自由」を世界構成の文脈のなかで捉えているということである。そしておそらくそのことは、前期ハイデッガーの思索に負う。

Ⅲ　現有の超越と自由　前期の彼の超越論的哲学の構想についてはすでに見たが、『有と時』同様、二八年の講義は、「Umwillen〔~のために〕」を「世界の根本性格」とみなしている。ところでUmwillen

はWille〔意志〕があるところでのみ可能なのだが、しかるに「意志の内的可能性」とは「自由」であり、「自由それ自身」が「Umwillen の根源」である。したがって「自由のあるところにのみ Umwillen があり、そこにのみ世界がある。手短に言うなら、現有の超越と自由とは、同一である！」――それゆえにこそ「自由それ自身が超越する」とか、「現有は自由な現有として、世界企投である」等々と述べられるのである。「したがって、世界‐内‐有それ自身が、自由にほかならない」。ちなみに世界の根本性格としての Umwillen は、「根拠という原現象」だとハイデッガーは考える。「自由」とは「根拠への自由」なのである。

二九年の『根拠の本質について』でも、「超越としての自由」や「根拠への自由」といった表現が用いられている。「世界への超出」は「自由それ自身」なのである。そのうえ「現有の超越」は「有論的差別の根拠」でさえあるのだから、「有〈有の体制〉は〔……〕現有の自由に根差している」のだということになる。

ちなみに二八／九年の講義では、「何かがそれ自身に関して無力でありうべきであるとするなら、それは自由であらねばならない」と言われているのだが、これは「石」は「無力ではない」という文脈のなかで述べられた言葉である――つまりここでの「無力」とは、まだ「自由」を前提とした「無力」でしかない。

Ⅳ　超越と内在

ところでもともとはアンリも、「世界」もしくは「地平」を受容してこれを顕現するのは「超越」だが、超越それ自身を受容してこれを顕示するのは、もはや超越ではなく——さもなくば無限遡行は避けえないだろう——「内在」だということから、「超越」と「内在」との関係を考えていた。それゆえ「受容性」にも「地平を受容する受容性」と「自己自身を受容する受容性」との「二つ」がある。そして前者が「受容される内容を創造」するのに対し、後者は「もはや受容される内容を創造するのではなく、この内容で有る」。しかるに「自らに外的ではなく、同一であるような内容」を受容する有は、その内容に対して「もはや自由ではなく」、ただひたすらその内容を「受動的に」受け取るよりない。

超越のないところ、地平も世界もない。内在を特徴づけるのは、むしろ「赤貧」、「欠乏」、「窮乏」といった諸語であり、同時にまた「安らい」や「静寂」といった言葉である。それは「孤独」という有り方をした「自己経験」であり、またそのような仕方での「生」なのである。そして「あらゆる創造の拒絶」や「超越神の拒絶」が意味しているのは、むしろ「人間と神との同一性」であり、「神との合一」である。「神性のうちにあるすべては〈一性〉である」——「他性」の「排除」ののちに残るのは、「有の単純性」なのである。

V　自由／非自由と行為／無為

「自由」は「地平への関係」においては自由だが、「自己への関係」においては自由ではない。それは「有が自己に対して態度を取ることの不可能性」であり、「自己に対する根源的受動性」である。ニーチェは「運命愛」について語ったかもしれないが、しかし、「然りと言うこと」はまだ或る「態度を取ること」なのであって、依然としてそれは「自由」である。しかるに「内在の内的構造」を規定するのは、むしろ「非自由という根本的な受動性」なのである。

　たしかにハイデッガーの『有と時』も、「超越のそれ自身に対する有論的無力」——超越が「自己自身の根拠」ではないということ——を考えてはいた。しかし同書では、同じ「無力」という言葉で、「有るものに対するその形而上学的無力」——超越がオンティッシュには創造的でないということ——も指し示されている。つまりは両者が「混同」されていたのである。けれどもアンリにとって、「内在」は「超越」の根拠であり、「自由」や「権能」の根底には「非自由」や「無力」がある。ちなみに彼は「内在」の実質を「感情」もしくは「情感性」と考えるのだが、そのような「感情の無力」は、「無力の感情」とは「何の関係もない」。それは「自己自身を受苦すること」なのであって、感情とは「拒絶されえない贈り物」なのである。

　アンリはビランに由来する「努力の感情」に関しても、同様の解釈を施す。「努力がそれ自身に与えられる仕方のうちには、〔つまり〕努力の感情のうちには、努力は存在しない」。そして同じことは、「行為の感情」に関しても当てはまる。「行為の有は無為（non-action）であり、自己に対する行為の根源的有論的受動性である」。それはけっして行為の対立概念であるような無為ではなく、むしろ行為の根底にあって行為を可能ならしめているような無為である——それは「努力なき努力」という仕方で特徴づけられるような「無行動（non-comportement）」なのである。

(2) 行為の自由と非自由

以上のようなアンリの観点からするなら、ブロンデルやベルクソンにおける「行為」の自由、またカントやシェーラーが主題化するような倫理的自由に対しても、また新たなる光が当てられることとなろう。

I 絶対者の現前と行為

モーリス・ブロンデルの『行為（一八九三年）』は、たんに「行為」の能動性のみならず、その「受動性」をも強調した――あるいはこう言ってよければ、攻撃的な世界観と服従的な態度とが奇妙な仕方で共存する――力作ではあるのだが、しかし、「行為」あるいは「実践」と「行為の学」もしくは「実践の学」との厳密な区別を旨とする同書には、「生」や「学」が展開する水平的〔≒ヘーゲル的〕かつ垂直的〔≒神学的〕な「超越」という「ドラマ」に関して、まだ曖昧なところが多々残されているように思われる。つまり同書に見られる縦や横への超越の運動の原動力となっているのは、「意欲する意志と意欲される意志とのあいだの不均衡」であり、意志に対して提供されたあらゆる対象が「不十分」だということなのだが、しかし、「自らの欲望に等しくなること」という「人間のたゆまぬ野心」が生まれうるためには、或る意味ではブロンデルの言うところの「絶対者」や「無限」、あるいは「唯一必然的なもの」や「神的なもの」、「実在」や「超自然的なもの」が、運動の端緒からすでに何らかの仕方で「現前」しているのでなければならないのではないか。しかるに『行為』においては、(1)実践の端緒から現前する無限、(2)実践の極致において現前する無限、(3)行為の学の端緒から現前する無限、(4)行為の学の終項に現前する無限、以上四者の関係が、その〈知〉のあり方を含めて、十分に規定されているとは言いがたいのである。

われわれの諸検討の結論だけ記しておくなら、(1)実践・生の端緒から現前する「無限」とは――アンリの言うような――「無限」の「内在的実在」それ自身であり、(2)実践・生の極致において現前する「無限」とは、「無限」の「内在的実在」＋「無限」についての「主題的／非主題的な表象」である。また、(3)行為の学の端緒において現前する「無限」とは、「無限」についての「非主題的表象」の「表象」であり、(4)行為の学の終項において現前する「無限」とは、「無限」についての「主題的表象」の「表象」だということになる。それゆえブロンデルが『行為』のなかで行ったのは、結局のところ〈表象の表象〉という戯れだけだったのではないかと思われる。そしてもしわれわれの考察が正しいとするなら、われわれは実在的生において、垂直に超越することなどないのだし、水平に超出する必要さえない。ただ無限を非主題的に表象する者だけが、主題的な表象をめざして、自己自身を水平的に超出しようと試みるであろう。

Ⅱ　〈自由の有〉と〈自由の知〉との非自由

一八八九年の『意識の直接的所与についての試論』のなかで、ベルクソンは「自由」は「スピリチュアリスムがしばしばそれに貸し与えているような絶対的な性格を、呈示しない。自由は、程度（degrés）を認める」と述べている。「多くの者たちは、このように、真の自由を知ることなく生き、そして死ぬ」――しかし、それは〈自由の有〉の問題なのだろうか、それとも〈自由の知〉の問題なのだろうか。

なぜなら一方で、同書は「われわれは自由である」と主張し続ける。「それゆえ自由は一つの事実なのであって、確証される諸事実のなかで、これ以上明晰な事実はない」。しかし他方では、同書は「自由な行為は稀である」とも言明する。そしてそれは、われわれがたいていは「持続」に没入することもなく、「空間」を介してしか「自己覚知」しないからである。「われわれが自由であるのは稀である」、「われわれは、われわれ自身で行為するというよりも、むしろ《行為されて》いる（nous sommes « agis » plutôt que nous n'agissons nous-mêmes）」。けれどももしわれわれが原理的には自由なのに、それを主題的に意識していないために自由が阻害されることがあるのだとするなら、それは自由を前提とした〈不自由〉でしかない。

問題はむしろ、「時間は見られることではなく、生きられることを要求する」と『試論』が述べていることである。ベルクソン的「持続」の自我は、「見られる」のではなく、「生きるに任される（se laisser vivre）」ことを要求する。つまり〈自由の知〉は、生きられるよりないという受動性によって、特徴づけられるのではないか。また『試論』はその最後の頁で、「われわれは、われわれ自身のうちに帰りたいと欲するたびごとに自由だとしても、われわれがそれを欲することは、稀にしか起こらない」とも語っている。つまりわれわれは、自由で有ることにも、それほど自由であるわけではない――〈自由の知〉や〈自由の有〉の根底にあるのは、われわれの志向的意識や意志的態度を超脱した、一種の〈非自由〉なのではないだろうか。

Ⅲ　行為される行為

『試論』にも功利的な意味での「自由」という考えは見られるのだが、その傾向は、あまり「自由」について語ることのなかった九六年の『物質と記憶』において、かえって顕著である。しかしながらベルクソンは、同時に「直観」という非功利的で脱利害関心的な認識について考察することもやめなかった——逆に言うなら、それは彼が〈非自由〉について考え続けていたということにもなるだろう。また一九〇七年の『創造的進化』以降のベルクソンは、個人の自由より大きい「生一般」の自由というものについても、併せて思索し始める。そして或る時期までは〈実用主義的な選択の自由〉という考えと〈選択という図式化を拒んでしまうような創造的自由〉という考えとを併存させていたベルクソンは、次第に両者を区別しつつ、〈創造の自由〉の方へと傾いてゆくことになる。

『創造的進化』と類比的な仕方で、三二年の『道徳と宗教の二源泉』は、〈小さい行為〉と〈大きい行為〉、すなわち〈人間の行為〉と〈神の行為〉について語っている。そのうえ「神秘家の魂」において見られるのは、「人間的意志と神的意志の同一化」なのである。そこで『試論』とはだいぶ趣を異にする仕方で、同書は「その自由が神的活動と一致するところの、同時に行為し《行為される》魂（une âme à la fois agissante et « agie »）」について語り出す。つまり神秘家の魂は、「神に対して」は「受動的」なままに、しかも「人々に対して」は「能動的」なのである。けれども神と「合一」した魂が神に対して受動的だということは、神秘家の魂は自らの有の根底に対して受動的だということではないだろうか。そしてもし「われわれのうちに、眠っていて、ただ目覚める機会を待っているだけの神秘家が、存在しうる」のだとするなら、〈自由の非自由〉は権利上、われわれ全員に認められるのだということになろう。

かくして『試論』において開始された〈自由の有と自由の知との非自由〉という問題構制は、『物質と記憶』の〈脱利害関心的直観〉や『創造的進化』の〈二つの自由〉を経て、『二源泉』における〈行為される行為〉という考えに到達したのだということになる。

Ⅳ 道徳的自由の自己 - 触発

遡って批判期カントの実践哲学が主題化するのは、倫理的もしくは道徳的な意味での「自由」である。『純粋理性批判』の〈第三アンチノミー〉に関する議論も示すように、「自由の概念」は「理論哲学」には「超越的」な、すなわち「いかなる適切な実例も何らかの可能的経験において与えられえない」ような「純粋理性概念」であり、それゆえにこそ「いかにして自由は可能であるか」は、「説明」などできない。そこでカントは「自然必然性」を「現出〔現象〕」に、「自由」を「物自体」に帰属せしめることによって、「自由としての因果性」と「自然メカニズムとしての因果性」を「結合」するのである。つまり「法則」とは「自然の法則」であるか「自由の法則」であるかのいずれかであり、「意志が服従する自然の法則」と「意志に〔……〕服従する自然の法則」とが区別されるのだが、カントの場合、「自由のカテゴリー」は「自然のカテゴリー」に対して「明白なる優位」を保ち続ける。そしてもしそのような自由が「道徳法則の存在根拠（*ratio essendi*）」だとするなら、道徳法則は「自由の認識根拠（*ratio cognoscendi*）」である――なぜなら道徳法則がなければ、自由は「知られぬままに留まった」であろうからである。

「法則のもとへの意志の自由な服従の意識」は、「法則に対する尊敬」とも呼ばれている。それゆえアンリも指摘するように、カント的な「自由」は、「道徳法則」の立法とそれへの服従とを、もしくは道徳法則に対する「尊敬」を介した、〈間接的自己‐触発〉の構造しか有していない。カント自身が語るように、「道徳法則」とは「そのもとに初めてわれわれが自由を意識するようになりうるところの制約〔条件〕」なのである。

V　価値志向的自由の自己‐触発

類似のことは、カントの形式主義を批判したシェーラーの『倫理学における形式主義と実質的価値倫理学』に関しても、指摘されえよう。なぜなら「価値‐観取（*Wert-Erschauung*）」ないしは「価値認取（*Wertnehmung*）」に関して彼が挙げている「感得（Fühlen）」、「優先（Vorziehen）」、「愛憎（Lieben und Hassen）」の三つは、そのどれもがシェーラーによって「志向的」なものとみなされているのだが、しかるに「自由」に関して彼が挙示している「意欲しうることの自由」、「行為しうることの自由」、「行為それ自身の自由」は、いずれも「価値」志向を前提としているから――つまり、端的に言って、自由は志向性によって規定されているからである。しかしながら志向性は、定義上、自己自身を認取しえないのではなかったか。

けれどもカントとはちがってシェーラーは、「自由」をも、また自由をその属性とする「人格」をも、体験されうるものだと考えている。たとえば「人格はけっして《対象》たりえない」というのがシェーラー自身の「テーゼ」ではあるのだが、それでも「人格」は「自らを体験する」と述べられており、あるいはまた「作用ならびに人格の、対象化されえない有」に関しては、「知の形式とは別の形式の《参与》が、その有にまさしく《属している》」と語られてもいるのである。そしてそのような考えを貫徹するなら、〈自由の自己体験〉は〈志向性によって定義される自由〉とは別の構造を持つであろうということが、つまりは〈自由の直接的自己‐触発〉は〈非自由〉だということが、帰結することになるだろう――シェーラー自身がそのように語っているわけではないにしても。

(3) 神の自由／非自由と行為／無為

宗教的・形而上学的な意味での「自由」に関しては、近世哲学のなかで最も有名な著作の一つに、シェリングの『人間的自由の本質について』(一八〇九年)がある。そして自由／非自由の問題とも無関係ではない彼特有の「有の主(Herr des Seyns)」という思想は、現代ではたとえばマリオン等々の《有とは別様に》の立場から引証されることもあり、後者は後者で現代哲学の焦眉の問題の一つとして、多様な展開を見せるようになる。

I　人間的自由の本質と神の非自由　シェリングの『自由論』は、「自然からの人間の独立性」のみならず「神からの人間の内的独立性」を考察しつつ、核心においては「悪の形而上学」(ハイデッガー)の様相を帯びてくる。同書では神のうちで「実存するかぎりでの存在者」と「たんに実存の根底であるにすぎないかぎりでの存在者」との区別がなされるのだが、「根底」とは「神のうちなる――自然」であり、このような昏い「規則なきもの」、「悟性なきもの」から、明るい「悟性」が生まれてくる。そして被造物において「根底」に由来する昏い原理とは「我意」であり、また人間においては神においてのように「特殊意志」が「普遍意志」と「統一」されてはいないのだから、そこから「善と悪の可能性」が生じてくる――つまり「我意の高揚」こそが「悪」なのである。ちなみに「根底」と「実存者」との「二元性」の以前にある「元底（Urgrund）」が、同書では「無底（*Ungrund*）」や「無差別（*Indifferenz*）」と呼ばれていることも、周知の事実であろう。

　しかしながら、シェリングによって証せられた人間的な「悪への自由」は、かえって根底もしくは自然に対する人間の非自由を、暴露しているのではないだろうか。「被造物の意志は、もちろん根底の外にあるが、それでもやはり、それはたんなる特殊意志であって、自由ではなく、縛られている（nicht frei, sondern gebunden）」と語っているのは、シェリング自身なのである。そのうえ『自由論』では「根底においては、神は自らの自由意志や自らの心にしたがってではなく、ただ自らの諸属性にしたがってのみ動く」とか、あるいはまた「神自身が、その心や愛にしたがってではなく、ただその自然にしたがってのみ動いた」等々と述べられている。つまり神自身でさえ、それほど自由ではないのである。もちろん「根底の意志」は「愛の意志が自由であるという意味では、自由ではありえない」のだし、また「無底」には「人格性」さえ認められていない。それゆえシェリングの「自由」思想において顕著なのは、かえって「人間」や「神」においても「根底」や「無底」においても確証される、このような非自由なのではないだろうか。

Ⅱ　受苦する神の自由／非自由

ところでシェリングの『自由論』には、「人間的に受苦する神の概念（Begriff eines menschlich leidenden Gottes）」という言葉が見出されるのだが、「私にとって、神はパトス的（pathétique）である」と述べるアンリに関しても、「アンリは《受苦する神（Dieu souffrant）》の観念に〔……〕接近する」と評されることがある。そしてこのことは、キリスト教の援用が思索の中核を占めるようになってくる、一九九二年頃から始まる彼の後期哲学において、特に顕著であるように思われる。

つまりアンリは九二年から、「自己‐触発」に「二つの概念」を、すなわち神の「自らを絶対的に自己‐触発し、かくして自らを自己‐生出する生の自己‐触発」と、われわれ人間の「自己‐触発され、かくして〈生〉のうちで〈自己〉として生出される〈自己〉の自己‐触発」という「二つの自己‐触発」を、区別し始めるのである。九六年の『われは真理なり』では、それらは「自己‐触発」の「強い」概念と「弱い」概念、「能産的自己‐触発」と「所産的自己‐触発」、「絶対的自己‐触発」と「相対的自己‐触発」といった言葉で区別されている。しかしながら、「絶対者の内的本性」は「受動性」であると述べた『顕現の本質』のアンリの考えが、ここで変わったわけではない。なぜなら『われは真理なり』でも、「自己‐触発の強い概念が指し示す、生の自己による出産」において、生が自らについてなす「体験」は、「生それ自身によって産出され」るとはいえ、それでもそれは、なおも「受動的」だと言われ続けているからである。

ちなみにそのような絶対的かつ受動的な〈生〉は、前期においてと同様、後期アンリにおいても「〈忘却しえないもの〉」とみなされている。絶対者はわれわれがそれを主題的に表象すると否とにかかわらず、つねにすでに自己顕現してしまっているのである。それゆえ『われは真理なり』のなかでアンリが自己流に咀嚼している諸々のキリスト教的思想、つまり〈忘却〉を超克して「神の絶対的〈生〉に合流する」という「救済」や、「エゴの固有の生」が「絶対者それ自身の〈生〉に変わる」という「第二の誕生」、あるいは「エゴの生が神それ自身の生に変わることになる途方もない出来事」等々は、すべて表象や主題化レヴェルの話であって、何ら根源的な出来事ではないということになる。

Ⅲ　「有の主」の思想と自由／非自由

シェリングに戻るなら、後期の彼は「自由が主体の本質である、もしくは主体はそれ自身、永遠の自由以外の何ものでもない」と述べている。しかるにもし主体が「非自由」にもなりうるのではないというようにしてのみ「自由」だとするなら、主体には「自由それ自身」が「制限」もしくは「必然性」となってしまって、主体は現実には「絶対的自由」ではないことになってしまおう。ところで「永遠の自由」は「絶対的主体」なのだから「認識」されないが、しかしそれが「客体」になることは、それが「**絶対的**自由」であるということ、すなわち「自由でなく（主体でなく）もある自由」であるということによって、可能になるのだという。

「有の主《あるじ》」の思想も、類似の文脈のうちに見出される。つまり「有らぬことのできない者」とは「盲目的に有るもの」でしかないのだが、しかるに「盲目的な有より神の本性に反するものは、何もない」――「自己自身の有に対していかなる自由も持たないものは、そもそもいかなる自由も持たない」のである。神は「有の外に、有を超えて」有り、「有から(*von* dem Seyn)」自由であるのみならず、「有に対して(*gegen* das Seyn)」も自由、つまり「有ったり有らなかったり、有を引き受けたり引き受けなかったりする純真な自由」であり、だからこそ「有の主」なのである。シェリングはまた「自由なもの」とは、まさしく「自らを顕示しなければならないというわけではない」がゆえに、「自由」なのだとも述べている。「神性」は「自らを顕示することも、自らを顕示しないことも自由」な者としてこそ、「永遠の自由それ自身」なのである。

あるいは「有ることも有らぬこともできる者」という表現のうちでは、むしろ否定の側にこそ「自由」が認められることとさえある。「有らぬこともできないようなものは何ものも、自立的とは謂われえない〔……〕。なぜなら自由は、有りうることのうちに〔……〕存しているのではなく、有らぬことができることのうちに存しているからである。精神は、ただそれが必然的に自らを表明(äußern)するわけではなく、同様に自らを表明しないこともできるがゆえにのみ、精神、すなわち有ることの自由(*Freiheit* zu seyn)なのである」。

Ⅳ 《有とは別様に》?

けれども本当にシェリングは、《有とは別様に》の思索者だったのだろうか。

たしかに後期の彼には、「有の主」や「超有るもの〔*Überseyendes*、ヒュペロン〕」といった言葉が、いたるところに散見されはする。しかしながら彼は、「最高のものは有り、それでも有らなくもある。それは有る、しかしそれは有らぬがごとくに有る」といった言い方もしているのである。それは「非対象的な、しかし、だからといって完全な非有ではなく、まさしくただまだたんに原始状態（urständlich）であるだけの有」なのだという——つまりそれは、対象性、客体性、被表象性、現実性、措定、定在といった通常の意味での「有」の観点からするなら「有らぬ」と言われなければならぬものだったのかもしれないが、しかし、それでも或る原初的にして根源的な意味では、まさしく「有」と言われ続けなければならないものだったのではないだろうか。

それに比し、部分的にはレヴィナスを受け継ぎつつ、声高に《有とは別様に》を唱えるマリオンなどにおいては、はたして「有」の意味が真剣に問われたことがあるのかということさえ、疑わしく思えるときがある。たとえば彼は、「〈我〉は対象性に先立つ」ということから、「〈我〉は有の例外をなす」と、安易に結論してしまう。「〈我〉はあらゆる有論の例外をなす」、「〈我〉は有の外で言われる」、等々。けれどもこれではあたかも〈対象性としての有か、しからずんば《有とは別様に》か〉の二者択一しか、存在しないとでも言わんばかりではないだろうか。その他、彼の諸々の発言を参照するに、彼が「有」とみなしているのは、対象性、直前性、手許性、物で有ること、定在等々にすぎず、つまりは伝統からの暗黙の借り物か、あるいはフッサールやハイデッガーからの表明的な借用にすぎない——彼らがそのような「有」の意味を批判したということさえ無視して。

そのマリオンが「有」と「性起」との関係に基づきつつ《有とは別様に》の思索者とみなしている後期ハイデッガーに関しては、はたして「性起」のうちでの「有の消滅」が本当に彼の真意だったのか、それとも「性起」こそが「有の真性」としての「時」や「現有」としての「人間」から「孤立」も「分離」もされることのない「有」の究極の姿だったのか、その判断や解釈は、つねに難しい。しかし、ともかくも「有」の意味や真性について問うことさえなしに《有とは別様に》を説くことは、やはり手順前後なのである。

V 「放下」と「何ものも意欲しない意志」 周知のように、ハイデッガーには、「放下」という美しい思想がある。すなわち、一方では彼は「ひょっとして、そもそも意志それ自身が悪である」とさえ述べつつ、「没‐意欲（Nicht-Wollen）」について語っている。「思索の本質」は「放下のうちに放ち入れられる」のであって、たとえばそれは「自然がその境域の対象化を許可することによって、どの程度まで技術に対して身を守るか」という「一つの本質的な思想」によって、言い表されることもある。しかしながら、他方では彼は「技術的諸対象の不可避的利用」に対しては「然り」と言えるが、同時にその要求のみが専一排他的となってしまって「われわれの本質を歪め、混乱させ、ついには閉塞する」ことを防ぎうるかぎりでは「否」と言うこともできるような、「技術的世界への同時的な然り（Ja）かつ否（Nein）の態度」を、「物への放下（*Gelassenheit zu den Dingen*）」と呼んでもいるのである。けれども技術的世界に対するこのようないわゆる達観のうちには、むしろ前期ハイデッガーにおける「覚悟性」にも似た或る種の「意志」のようなものが――「身を守る」という一種の警戒心が――感じられないでもない。

逆にシェリングの「放下」を特徴づけているのは「安らう意志」であり、「何ものも意欲しない意志」である。それは「自足」し、そこからはいかなる「移行」も存しないがゆえに、それは「何かを意欲する意志」を「生出」も「創作」もせず、ただ「受胎」するだけである。それゆえ「何かを意欲する意志」は、むしろ「自己自身を生産し、絶対的に発源する」のでなければならない――創造する根源の底には、創造しない根源があるわけである。「何ものも意欲しない意志のうちには、いかなる区別もなかった。主体も客体もなく、最高の単純さがあった。しかるに実存への意志たる収縮させる意志が、そのなかの両者を分断する」。

それゆえ「原初的な純真さ、純粋な永遠性」のうちでは、いかなる「行為（Handlung）」も「活動（Thätigkeit）」も、考えられない。そこに見出されるのは、「まったく無為なる無差別（eine ganz unthätige Indifferenz）」であり、「いまはまだ無為なる意志（der nun noch unthätige Wille）」である。そしてこのような「無為（ohne That）」にこそ、「放下」という名がふさわしい。ハイデッガーの放下とシェリングの放下とを分かつ最大の相違点とは、後者が「放下」という言葉を、人間の側だけでなく神の側に――神の側にこそ――用いているということであろう。神自身が「静かで放下されたまま」に留まるのでなければならず、またシェリングの引く一六世紀の或る格言詩人の言によるなら、「神は放下を求める」のである。

もし「根底」が端的に自然であるなら、あるいはもし「無底」が精神と分かたれる以前の自然だとするなら、「放下」とは、自然に身を委ねることである——「何ものも意欲しない意志」とは、そういうものではないだろうか。

第四節　身体の生成

人間のなかの「自然」と言えば、とりわけ「身体」のことが考えられる。特にデカルト以来、心身の区別と合一とをめぐる諸議論が活発となるのだが、現代では「主観的身体」が「客観的身体」から区別され、またその問題圏が「文化的身体」にまで及ぶこともある——つまり身体については発生論的な考察が、不可欠となってくるのである。けれども発生の根源へと遡るなら、身体がそこから生まれてくるような始源の「場所」が見出され、そしてそのような場所の「構造化」には、独自の論理さえ要求されるのではないだろうか。

(1) 心身の区別と合一

近世のみならず、西洋哲学史の全体を見渡してみても、心身問題の真の出発点を画したのは、デカルトであったと言うことができよう。そしてそこに見出されるきわどい諸問題を引き継いだ近世哲学の大物たちのなかでも、マルブランシュとビランは、まさに対蹠的な立場に立つ哲学者たちであったと言うことができる。

I 心身の「実在的区別」と「実体的合一」 デカルトの主要著作のほとんどすべてにおいてすぐ気づかれるのは、彼が心身の理論的な区別を唱えた直後に、事実としての両者の合一をも併せ説いているということである。たとえばその第四部で魂が「身体とは完全に異なっている」と述べた『方法序説』は、第五部では「神は理性的な魂を創造し、それをこの身体に結びつけた」と語っており、また『省察』の「概要」は、「第六省察」では「精神が実在的に（realiter）身体から区別されることが証明され、それでも精神は、きわめて緊密に身体に結びつけられているので、何か自らと一つのようなもの（unum quid cum ipsa）を合成していることが明示される」と予告する――「第四答弁」でも、「心身の区別について論じた同じ「第六省察」において、同時に私は、精神が実体的に（substantialiter）身体に合一されていることも証明した」と述べられている。しかるに心身合一について詳述したことで有名な一六四三年六月二八日付のエリザベト宛書簡のなかでは、「心身の区別と両者の合一とを、人間精神がきわめて判明に、そして同時に考えうるなどとは、私には思えない」と記されているのである。

つまり、一方で「われわれが明晰に知覚するものは、何であれ、われわれが知覚する通りに、神によって創られうる」のだが、しかるに精神は物体〔身体〕なしに、また物体〔身体〕は精神なしに、明晰に知覚されるのだから、精神と身体は実在的に区別されるというのが「心身の実在的区別」の理由であるのに対し、他方ではデカルトは、「理性的な魂」は「おそらく自らの四肢を動かすため」というのでなければ、「船乗りがその船のうちに住むようにして、人間的身体のうちに住む」だけでは十分ではなく、さらに「感情や嗜欲」を持って「真の人間」を合成するためには、「いっそう緊密に人間的身体と結合され、合一される必要がある」と語ってもいるのである。ちなみにデカルトの「心身の合一、言わば混淆のようなもの」つまり「かの実体的合一（unio illa substantialis）」においては、魂が身体を「形相化」して身体全体と合一しているという考えと、魂は特に「松果腺」において身体に合一しているという考えとが、併存したままである。

Ⅱ「心身合一」の諸問題　現代においても、一方では、たとえばアンリの『身体の哲学と現象学』は、メーヌ・ド・ビランの身体論のなかから「主観的身体」もしくは「主観的運動」という考えを析出しつつ、「デカルト的二元論」は「実在的運動」を「運動の観念」と取りちがえてしまっていると、また「心身合一の事実」を「心身合一の原初的本性」として定義することのうちにも、すでにして「延長実体と思惟実体の混淆」という「理論」が密かに忍び込んでしまっているのだと、完膚なきまでに批判する。

しかし他方では、たとえばグレスの『デカルトと世界の不安定』のように、デカルトにおける「実体」は「認識根拠」であって「存在根拠」ではなく、心身の「実在的区別」もまた「神的可能性」を指し示しているだけであり、神が現実的に産出したのは「合一」の方だと解しつつ、心身合一に有論的優位を認めようとする立場もある。またマリオンの『デカルトの受動的思惟について』は、アンリの「主観的身体」の考えを一部引き継ぎつつ、想像力や感覚や情念を含んだコギトとしての「心身の実体的合一」は、「思惟することは、受動的にも思惟することになる」という「デカルトの最後の発見」を、指し示しているのだと主張する。

われわれは、基本的にはコギトのうちには、〈主観的運動〉と〈感覚・想像力・情念〉という、デカルト以来の心身問題における両極が、ともに含まれているのだと考える。それゆえデカルトの心身合一論に欠けていると思われる第一の点は、努力の実効性を伴う「意志」とたんなる観念の夢想に留まる「願望〔欲望〕」とのあいだのビラン的な区別である。また幻影肢やリュート奏者に関するデカルトの諸言説を現代の身体論の観点から顧みるなら、彼の合一論になおも欠けていると目されるべき第二の点とは、いかにして身体諸部分が局在化され、さらには文化的身体も生成するのか等々についての、発生論的な考察である。

Ⅲ　機会原因論　逆に頑なな心身二元論の立場は、たとえばマルブランシュの機会原因論のような、一見しただけで奇妙に思える理論を招来してしまう。「たいていの〈哲学者たち〉のように、精神が身体と合一されるとき精神が身体になり、身体が精神と合一されるとき身体が精神になるなどと、勝手に思い込んではならない」と彼は言う。そのうえアルキエによれば、「実体」の概念と「因果性」の概念とを不可分とみなした「一七世紀のほとんどの哲学者」たちのなかにあって、物体と精神とが「実体」であることを認めつつも、それらが「原因」たりうることを否定してしまったのは、「マルブランシュだけ」なのだという。

つまりマルブランシュにとって、「真にして実在的なる原因（cause véritable & réelle）」もしくは「実在的にして真なる原因（cause réelle & véritable）」は神のみであり、神こそが「唯一にして真なる原因」なのである。たとえば人々が「意欲」するや否や、「諸事物の観念」が精神に現前するということ、あるいは〔知覚のさいに〕「諸対象」が現前するなら、魂がそれらを覚知するということ、これらのことから結論すべきは、「観念」を持つためには「意志」が、あるいは「観念」が現前するためには「対象」が、「通常は必要」ということだけなのであって、それらが真の「原因」だということではない。玉と玉とがぶつかり合って後者が動き始めるとき、前者は後者の運動の「真の原因」ではない。ただ二つの玉の「衝突」が次のような機会、すなわち「物質の運動の〈作者〉」たる神が「万物の普遍的原因」たる彼の意志の決定命令を遂行するための「機会」であったというにすぎない。それゆえにこそ「物体の運動」や「精神の意志」は、「自然的な、もしくは機会的な原因」と呼ばれるのである。「真の原因」は「〔超自然的な〕神のみ」なのであって、「「人間たちも、天使たちも、悪魔たちも、いかなる被造物も」、これらはすべて「機会原因」でしかない。

Ⅳ　機会原因としての被造物と機械原因としての神

けれども「神こそが一切をなす」とは言っても、神は機会原因を用いなければならず、しかもそれを神自身の定めた「一般法則」にしたがってなすのでなければならない。それゆえまず、「一般法則の体系において、決定するのは機会原因であり、遂行するのは神である。そして遂行するより命令することにおいての方に、いっそうの知恵があると思わない者はいない」という、「神がマルブランシュ神父に出現させたもうた敵対者」アルノーのような批判も、出てくるわけである。つまり「心身合一の法則」にしたがって「神を強い」ているのは、むしろ「われわれ」なのである。

さらには一度《ひとたび》「一般法則」が確立されたなら、神なしに済ませたところで、何の問題もないということになってしまう。つまり、もし機会原因こそが特殊的で具体的な原因なのだとすれば、一般法則としての神の意志は、むしろ自動的な機械原因だということにでもなってしまおう。じじつアルキエのような歴史家は、その「神学的アスペクト」にもかかわらず、「科学が形而上学から全面的に解放されて自律的になる」のは、デカルトからではなく、マルブランシュからだと指摘する。「哲学全体が、自然主義的にして機械論的になる」のである。

もっとも神は、つねに一般意志によって働くわけではない。たとえば創造のおりには、機会原因たるべき被造物の不在のゆえに、神は「特殊意志」を用いたのである。しかし、「いま神は休息している」

——神は「もはや彼が確立した一般〈法則〉にしたがうだけ」なのであって、アルキエによれば、次の世紀が「休息する神」を「解雇」してしまうのに、たいして苦労は要らない。「マルブランシュの神」は、すでにして「一八世紀の多くの著者たちが満足することになる、不在にして物理学者〔自然学者〕的な神」なのである。

V 外在性の身体論と内在の身体論

マルブランシュ哲学においてとりわけ訝しく思えるのは、明晰な認識が問題とされるとき、彼はほとんどつねに外在性や対象性の地平に訴え、内面的なものが問われるときでさえ、彼は客観性や機械的自然という「回り道」を迂回せざるをえないということである。そしてそのことは、彼の実体論〔延長実体からの思惟実体の区別〕、諸能力論〔悟性と意志の区別や純粋知覚と感覚の区分、精神からの意欲の不可分性、思惟や意志の定量性〕、魂論〔魂の闇、延長の観念という「回り道」〕、心身合一論、なかんずく機会原因論〔意志が身体を動かすために必要な動物精気の運動などについての生理学的・解剖学的な知識の欠如〕、弁神論〔道と作品との数量計算〕、恩寵論〔天秤の重量比較〕等々のすべてにわたって、逐一指摘されうることなのである。そしてこのような外在性の立場から構築されたマルブランシュの身体論は、とりわけ内在の立場を旨とするビランからの、厳しい批判に曝されることとなる。

ビランのマルブランシュ批判は、概ね以下の五点に要約することができよう。(1)外在性の批判。心身問題は、生理学的・解剖学的な「表象」や「想像力」、あるいは絶対的・形而上学的な二実体についての「理性」からの「推論」によっては、解決されない。むしろ、もし「意志」が生ぜんとする瞬間に

「表象」が介入するなら、意志の誕生は妨げられてしまうだろう。(2)「内」の優位。意志や努力が身体を動かすということは「内」から知られ、因果性概念の起源もそこに認められる。マルブランシュは「内的感情による認識」を過小評価してしまったのだが、心身合一の問題構制に関するかぎり、内的感情の証言は明証的なのであって、むしろ昏いのは表象の方である。それゆえ対象化や客観知には還元されえない、独自で根源的な知というものがある。(3)「内」から「外」へ。因果性や意志的な力を神や外的な継起に適用したり、身体的諸手段の客観的表象に関係づけたりするだけのためにさえ、直接的で内的な自己の因果性や力についての知が、あらかじめ前提されているのでなければならない。(4)「意志」と「願望〔欲望〕」との区別。意志や努力の無力に対するマルブランシュの批判は、「願望〔欲望〕」に的中こそすれ、かえってそのことは「意志」と「願望〔欲望〕」との相違を際立たせる。無力な努力〔それはたんなる願望〔欲望〕に似る〕でさえ、有効な努力の想起と予感とを、想定しているではないか。(5)特殊神学的な問題構制に関して。神の定めは人間的自由とは次元を異にするのであって、たとえ「神」の創造を斟酌したとしてさえ、神の意志は人間の意志に取って代わることなどできない。逆にマルブランシュの機会原因論は、神を「一般法則」に服する「自動的」なものにしかねず、神自身をも含めたあらゆる人格的個体性の存立をさえ、脅かしてしまうであろう。

そしてこのようなビランの考えは、アンリを典型とする現代の「主観的身体」の考えへと繫がってゆく。

(2) 身体の発生論的構成

「主観的身体」という考えは、発生の極致においては「文化的身体」の有り方にまで及んでくるであろうが、しかし発生の根源にまで遡ろうとするような「アルケオロジー〔始源論〕」を試みるなら、われわれは「身体」ないし「肉」それ自身の発生以前の段階から始めて、その誕生に立ち会い、さらには身体諸部分の分化を経て文化の生成へと向かうような、一つの大きな発生論の流れをたどることができるであろう。

I 文化的身体の問題構制

たとえばアンリは「自己成長」という言葉を、個々の生を超えた「絶対的〈生〉」の「超力」や、そこからの「各々の自我」の生出という意味でも、またそのような生からの「文化」の生成という意味でも用いている。後者の意味では、たとえば「ダンス」の本質とは「力の純粋な展開」だというのだが、「ダンス」についてはベルクソンやフッサール、またメルロ＝ポンティなども語っている。

たとえばベルクソンの場合、「ダンス」のような身体の「複雑な行使」を学ぶとき、われわれは「われわれがすでに慣れている幾つかの運動」を利用して、これらを変様することによってしか、それを学習しえない。しかるに「古い習慣」がそこにあって、それが〈それを用いてわれわれが身につけたいと思っている「新しい習慣」〉に「抵抗」する。それゆえ「努力」とは、「異なり、かつ類似した、二つの習慣〔同士〕の闘い」なのだという。しかしながらフッサールによれば、「結局のところ、すべては理解可能な仕方で、主観の原能力（*Urvermögen des Subjekts*）へと差し返し、それから、以前の生活活動から発源した、獲得された諸能力（*erworbene Vermögen*）へと差し返す」のだという。つまり、あらゆる習慣や文化の以前に、またあらゆる習慣化や文化的身体の前提としてあるのは、自然的な身体だということではないだろうか。

メルロ＝ポンティは習慣の獲得のうちに、三つの「レヴェル」を指摘する。(1)身体は「生の保存に必要な身振り」に限定され、われわれのまわりに「生物学的世界」を措定する。(2)身体はこの最初の身振りに乗じつつ、「ダンス」においてのように、それらの「本来の意味」から「比喩的な意味」へと移行する。(3)身体は「道具」を構築して、自らのまわりに「文化的世界」を投影する。このうち(2)はすでに文化的身体を指し示しているのだが、その根底にある(1)が示しているのは、むしろ自然的な主観的身体であろう。

Ⅱ　主観的身体の存在

「私は私の身体で有るのではなく、私は私の身体を持つ」というフッサールの言明とは反対に、ビランに依拠するアンリが「主観的身体」のテーゼとみなしているのは、「私は私の身体で有る」という言葉である。それゆえ、たとえば身体的運動の過程を「運動を遂行しようとする意志ないし願望〔欲望〕という第一の位相」と、「〔それに〕対応する物質的過程のうちにある第二の位相」とに区分しようとするヒュームの分析は、「デカルト的二元論の重い遺産」を担ったものとして、アンリによって糾弾される――しかし「心身合一」への批判に関するヒュームの諸議論をつぶさに見るなら、それがマルブランシュから借りられたものであることは明らかなのであって、そしてマルブランシュの機会原因論に対しては、上述のビランの批判が妥当しよう。あとになって「習慣」によって結びつけられることになる「運動」と「運動の観念」との区別に基づくヒュームの諸議論は、意志や努力にではなく、ビラン的な意味での「願望〔欲望〕」にこそふさわしい。ヒュームに欠けているのは、「運動の有がその内部で根源的にわれわれに与えられるような、主観性の実存圏域についての有論」であり、簡単に言って「主観性の有論」なのである。

その点ではラニョは、一方では「行為が或る結果を産出するという観念が、この結果の感覚に結びつけられるためには、この行為が、その結果によってとは別様に、われわれに顕示されるのでなければならず、行為はそれ自身において、われわれに顕示されるのでなければならない」と述べることによって、「ビランの思索についての、すばらしい註釈」というアンリの称讃を勝ち取ることとなる。しかしながら他方では、ラニョはその顕示を「判断」に委ねることによって、その「カント的パースペティヴ」の偏狭さを、アンリによって批判されることにもなる――けれどもわれわれには真の問題は、ラニョがこの顕示を「或る追求された目的の概念」のうちに、もっと直截に言うなら行為の「観念」のうちに求めていることにあるように思われる。結局のところ彼は、実在的運動と運動の観念との、あるいは意志と願望〔欲望〕との混同という、すでにマルブランシュやヒュームにおいて犯されていたのと同じ混同を、反復しているだけなのである。

Ⅲ　主観的身体の一性／多性という問題

同じく主観的身体の誤認にまつわるより具体的な問題として、アンリはいかにして「キネステーゼ的諸印象」が「視覚的形態」をめざす「想像意識」にとってのの「類同代理物」の役割を果たしうるのかという、サルトル的な問題を俎上に載せる。すなわちサルトルのドゥヴェルスオヴェール批判とは、「キネステーゼ的諸印象」が「視覚的な形の類同代理物」として機能すると述べるのは、「起重機」が「水上飛行機の類同代理物」として機能すると言うのと同じくらいおかしな話だというものである。そこでサルトルは時間論に訴え、あらゆる「過去把持」は「キネステーゼ的なものの視覚的なものへの転換」だと主張する。けれどもアンリに言わせるなら、キネステーゼ的なものはキネステーゼ的なものなのであって、時間が介入したからといって、それが視覚的なものに転換することなどありえない。それゆえサルトルのドゥヴェルスオヴェール批判は、サルトル自身を直撃する。そこでアンリは、「カーヴの空間形象を構成する私のまなざしの運動」と「カーヴを描く私の手の運動」とは、主観的身体の内在圏域においては「同じもの」だという解決策を示す――しかしながら、両者は「内在」というステイタスにおいては「同じもの」なのだとしても、それが何を顕示する「内在」なのかということを考え併せるなら、完全に「同じもの」とは言い切れないだろう。それゆえこの問題は、主観的身体の内在そのもののなかでの一性と多性という問題へと、収斂してゆくように思われる。

同じ問題は、自己の身体の或る部分〔たとえば右手〕が他の部分〔たとえば左手〕に触れるという、いわゆる「キアスム」現象においても指摘されうるであろう。たとえばコンディヤックやフッサールにおいても同様の問題構制は見られるのだが、彼らにおいては、そもそもいかにして身体諸部分の分化が行われるのかについての考察が、欠けている。またメルロ＝ポンティにおけるキアスム問題――次項でも扱う――でも、〈自らが触れるのに触れること〉と〈触れている私の手に私のもう一方の手で触れること〉とが、混同されたままである。われわれの結論だけ記しておくなら、(1)もし私の両手が麻痺してさえいなければ、私の触れている手に私のもう一方の手で触れることは、いつでも可能である。(2)しかしそのことは、触れることが自らに触れるということを意味するものではない。ひとは同じ手によってももう一方の手によっても、けっして自らが触れるのに触れることなどできない。(3)触れることは、自らが触れるのに触れることはできなくても、自らが触れているということを、直接的覚知によって知っている。(4)触れつつある私の右手に私の左手が触れるということが可能となるためにも、まず私の左手の〈触れること〉が、触れられることなく直接に、自らが触れていることを知っているのでなければならないのだし、また同様にして私の右手の〈触れること〉も、触れられることなく直接に、自らが触れていることを知っているのでなければならない。

Ⅳ　身体の発生論的構成の諸段階　身体諸部分の分化をもキアスム問題をも同時に統一的に捉えたのは、ビランの功績である。その発生論的な身体構成論は、やはりその結論だけ書き留めておくなら、以下の七つの諸段階に区別されうるであろう。(1)努力や意志の誕生以前には、自我も非我もなく、内も外もない。身体でさえ存在せず、そこにあるのはアフェクティフな単純状態だけなのだが、しかしそれは「非区分で不可分の一つの全体」、「すべてに先立つ独立した一つの所与」としての「原初的空間」によって、あるいは「漠として限定されざる延長」によって特徴づけられる。(2)種別的には「非意図的な努力（effort non *intentionné*）」と名づけられるような、「共通的努力（effort commun）」の第一段階においては、「たんなる傍観者（simple spectateur）」、「受動的傍観者（spectateur passif）」もしくは「受動的な証人（témoin passif）」としての自我が生まれ、それは「固定性なく一貫性なき二次元延長」としての外的空間と、まだ唯一の塊でしかなく、やはり「諸限界も諸形態もない一種の漠たる延長」と呼ばれるような内的空間とを伴っている。(3)「共通的努力」の第二段階においては、「連帯して動く唯一の塊とみなされた身体の一般的移動」というものが生じ、相変わらず身体は「まずもって漠として限定されざる一種の内的延長」でしかないのだが、しかし、すでにしてそれは「三次元の」外的空間を伴い始める。(4)各々の「特殊的努力（effort particulier）」もしくは「個別的努力（effort individuel）」が、その適用項〔＝身体諸器官〕の一つ一つを「局在化」してゆき、「〔身体の〕抵抗する連続体のうちに、一つの区分点」を記し始め、かくして有機的身体の差異化・局在化が進行してゆく。(5)異他的物体の絶対的抵抗との出会いによって、身体も自己自身を物的身体として見出すようになる。(6)キアスム現象において、特殊的諸努力に抵抗するものとしての自己の物的身体が、内からと同様、外からも知られるようになる。(7)身体が客観的身体〔物体〕として表象される。

ちなみにビランにおけるキアスム現象に関しては、たとえば右手と左手が触れ合うとき、右手は自らの努力と右手自身の抵抗と左手の抵抗とを感じ、左手は自らの努力と左手自身の抵抗と右手の抵抗とを感じるのだから、そこには二つの努力と四つの抵抗とが見出されるのだということになる——もちろんこれら二つの努力は、身体ないし自己のもともとの一性によって、支えられているのでなければならないのだが。

V　肉のアルケオロジーと文化のアルケオロジー　発生の根源にまで遡るのであれば、ビラン同様アンリもまた、「生けるもの」は、〈絶対的生〉という〈基底〉に担われつつ、まだ「主観なき、地平なき、意義なき、対象なき、純然たる一つの体験」でしかないのだと考える。次いで「生けるものたち」が「各々を一つのエゴ〔自我〕として、もしくは一つのアルテル・エゴ〔他我〕として見つめ合い、表象し合い、思惟し合う」ときには、「或る新しい経験次元」が生まれてくる。「エゴとアルテル・エゴ」は「一つの共通の誕生」を有しているのである。それゆえ彼らの「誕生」の共通の「場所」というものがある。そのうえ〈生〉というこの場所は、彼らの誕生ののちにさえ、彼らのみならず、彼らの「関係それ自身」をも「根拠づける」こととなろう——アンリにおける〈肉〉の誕生は、このような「アルケオロジー」のうちにこそ、位置づけられるのである。

そしてわれわれとしては、身体の諸力能のあらかじめの一性と、その後の多性の生成という問題は、〈生〉という共通の誕生の場所からの「生ける者たち」の生出という問題と、或る程度パラレルに考察されうるのではないかと考えている。すなわち一なる「〈元－身体〉（Archi-Corps）」とは、それに基づいてわれわれの諸力能やわれわれの諸々の身振りが生まれるところの、またつねに現前し、つねに働きかける〈アルケー（始源）〉として永久に留まるところの、そして努力の感情によってではなく情感性によって自らを顕示するところの、一なる〈基底〉ではないだろうか。それゆえその一性とその差異化とにおける主観的身体の問いが位置づけられるべきは、「肉のアルケオロジー」の延長線上においてなのである――そして初めにも見たように、〈文化のアルケオロジー〉もまた、このような系譜のうちに見出されることになる。

(3) 場所と身体

自我や世界や、身体さえそこから生まれてくるような「場所」に関しては、その「構造化」が様々な観点から考察されうるであろう。たとえばメルロ＝ポンティの場合、「身体」、「空間」、「時間」、「コギト」等々において、その「構造化」や、また初次的な構造を基盤とした「再構造化」について、多種多様に考察されていると言うことができる。そしてわれわれとしては、或る場所と或る他の場所との関係について、とりわけ「一性」の場所から「多性」の場所への移行に関して、同一の場所のうえでのみ指摘しうるような「水平」の論理からは区別された、或る「垂直」の論理というものを、指摘することができるかもしれない。

Ⅰ　身体の構造化　身体に関しては、身体の一性のテーゼにはむしろ不利と思えるかもしれない「幻影肢」や「キアスム」の現象についても、やはり全体的一性という解釈が貫徹されうるであろう。

幻影肢においてまず見るべきは、そこには「或る情感的な現前と或る情感的な伸張」が認められるという事実である。そのうえ幻影肢において感じられる「痛み」は、痛みとして幻影なのではなく、それはたしかに痛みとして感じられてはいるのだが、ただその「局在化」において錯覚が生ずるというだけなのである。そもそもメルロ＝ポンティによれば、「痛み」には「原初的量感性」というものがあって、それは私の身体の「情感的基底（fond affectif）」のうえにこそ成り立つ。それゆえ「私の身体全体」が、まず「非区分の一つの所有（une possession indivise）」によって捉えられ、だからこそ「私の四肢の各々」の位置も、四肢がすべてそこに「包み込まれて」いるところの「身体図式」によって、あやまたず認識されるようになってゆく。幻影肢とは、もともと一なる全体であったこのような身体の、差異化・局在化のさいの一種の混乱現象ではないだろうか――運動性の欠如する箇所では局在化も生じないと、メーヌ・ド・ビランも述べている。

メルロ＝ポンティの「キアスム」に関しては、すでに批判的に取り上げたのだが、しかし、われわれは右手で何かに触れるときにも、けっして右手だけでそれに触れているわけではなく、むしろ身体全体とともに右手で触れているのだという彼自身の観点からも、この問題は再考されえよう。たとえば右手で左手に触れるとき、われわれの考えでは、左手も「触れられる」のではなく、右手も左手も「触れている」のである。「触れられた」と感じるのは、むしろ他者や何かの何らかの意図を感じるような、相互主観的な状況においてのことではないだろうか。それゆえ「私が握りしめる他者の手は、触れかつ触れられる手にならって理解すべきである」というメルロ＝ポンティの主張は、逆転されなければならないのではないかとわれわれは考える。触れる手〔能動・主体〕と触れられる手〔受動・客体〕との「可逆性」しか考えないメルロ＝ポンティ流のキアスムは、言わば触れる手にも触れられる手にも前提されるべき「自己」という場所の一性に基づいて虚構された、一種の自作自演の一人芝居にすぎないのではないだろうか。

Ⅱ　空間の構造化

〈ミュラー＝リアーの錯視〉や〈天頂では小さく、地平線上では大きく見える月〉といった「図と地」の現象に関しても、さしあたりそこには「図」と「地」の二元性が不可欠と思われるかもしれない。しかしながらわれわれは、「図と地」をまとめて「一つの布置（une configuration）」、一つの「形態」、一つの「構造」、「一つの総体」として受け取ることもできるのである。そしてメルロ＝ポンティは、「全体的表現」とは「分解不可能」なものだとも主張している。〈ミュラー＝リアーの錯視〉は「等」でも「不等」でもない二つの線分としてではなく、まずもって下すぼみの一つの表情として現れている。また天頂の月は、ぽつねんとして寂しそうに現れているからこそ、小さく見えるとも言われ、地平線上の月は、力強く自己主張しているからこそ、大きく見えるとも言われうるのではないだろうか。

網膜像を正立像に立て直すような眼鏡を被験者にかけさせるストラットンの実験では、空間の上下が逆転して現れる初期から始まって、光景が正常に戻っても身体が異常な位置にあるように感じられる中間期を経て、ついにはすべてが正常な位置にあるように見える最終段階に到達する。けれどもその中間期においてさえ、問題とされているのは、身体空間と外的空間との対立・抗争というより、むしろ二つの「空間的水準」のあいだのせめぎ合いだったのではないだろうか。そしてこのような実験のさなかにも、われわれが生まれたときから慣れ親しんでいる空間には、やはり或る種の優位が実証されており、しかもそれは被験者が無為のときにこそ顕著である。そのうえ「水準の不安定」は「目眩と吐き気という生命的経験」や「恐怖」を与えるのだという――そこに見られるのも、やはり一種の感情や表情の経験ではないだろうか。

Ⅲ　時間の構造化

時間の構造化に関しては、メルロ＝ポンティ自身のなかで、前期の『知覚の現象学』と後期の『見えるものと見えないもの』とのあいだで、まったく異なる二つの考え方――移行しつつある一つの中心が時間地平を構成するというものと、一つの全体がサイクルを描きながら膨張してゆくというものと――の対比が、鮮明に浮かび上がってくるように思われる。

時と主観〔＝自己の身体〕をともに脱自・超越・志向性とみなすことによって、「時を主観として、主観を時として理解するのでなければならない」と述べる前期メルロ＝ポンティには、かえって真の自己が捉えられないのだということを、彼の「自己による自己の触発」の概念が、よく示しているように思われる。なぜなら「触発する時」とは「将来への推力にして推移」であり、「触発される時間」とは「諸々の現在の展開された系列としての時間」なのであって、前者は前者の「標章（emblèmes）」にして前者の「技」の「諸結果」たる後者を介して、間接的にしか自己を知ることができないからである。しかしながら、そもそも或る技が自らの技であり、それゆえ諸結果も自らの諸結果であるということを、いかにして志向的意識は知ることができるというのだろうか。

『見えるものと見えないもの』における「時間」への断片的な諸言及からは、それでも後期メルロ＝ポンティが「志向的分析」を批判していたのだということが、よく分かる。時間はもはや「系列」ではなくて「嵌合（emboîtement）」や「包含するもの（un englobant）」、すなわち「すべてを包括する系（système qui embrasse tout）」なのであって、すべてを包み込んだ現前野が、次の瞬間には新しい瞬間を包含した新たなる一全体を形成するということによって、「時間の膨張ないし膨らみ」というものが生起してくる。時間とは「包まれるもの－包むもの（enveloppé-enveloppant）」の「一つのサイクル」なのである。

Ⅳ　コギトの構造化と主観的身体

想像し感覚し、感情や情念を有するという点から、デカルト哲学のうちに「主観的身体」の存在を指摘するような解釈者は、マリオンだけでなく、グナンシアなどもまたそうである。たとえばデカルトは、「たとえ私が感覚ないし想像しているものが、私の外ではおそらく無であるとしても、それでも感覚や想像と私が呼ぶ思惟の諸様態が、ただ思惟の或る諸様態でのみあるかぎりで私のうちにあるということは、私には確実である」と、また「私が見ているとき、もしくは（もはや私はそのことを区別しない）私が見ていると私が思うとき、思惟する私自身が何ものかでないということは、まったくありえない」とも述べている。しかるにメルロ＝ポンティに言わせるなら、私が赤や青を見ていると思っていたのに、もしじっさいにそこに赤や青がなければ、私はそれを「本当は見てはいなかった」のだということになる。「見ていると思われる（videre videor）」の「見ている」は、一般に「〜していると思われる」の「〜」は、本当にコギトの確実性を享受して、かくして「主観的身体」の存在をも保証しうるのだろうか。

　結論だけ述べるなら、もし「〜していると思われる」の「〜」がまだ疑わしいなら、「疑い、知解し、肯定し、否定し、意志し、意志せず、想像もし、感覚するもの」といったデカルトにおける「思惟するもの」の定義も無意味となり、また感覚と想像力との区別に基づく彼の〈物体の存在証明〉や、私が疑う不完全で有限な存在者であることから導き出された彼の〈神の存在証明〉も、すべて無効になってしまうであろう。逆に「〜」が真と言えるなら、そのときには「主観的身体」の存在もまた、確証されるのだということになる。

V　場所の構造化と垂直／水平の論理

「〈有〉とは、そこにおいては《意識の諸様態》が〈有〉の諸構造化として記入され〔……〕、またそこにおいては〈有〉の諸構造化が意識の諸様態であるような、《場所（lieu）》である」と、メルロ＝ポンティは述べている。その彼が「私‐世界の、世界とその諸部分との、私の身体の諸部分の、あらかじめの一性（unité *préalable*）、分離以前の、多様な諸次元以前の一性」について語っていることも、すでに見た。原初的な「場所」の「一性」とは、いったいいかなるものなのだろうか。

　メルロ＝ポンティは「知覚はいっそうカオス的なものから、いっそう構造化されたものへと向かう。幼児においてはいっそう貧しい構造化が存在するが、しかし、けっしていかなる構造化もないわけではない」とも語っている。もともと「幼児の経験」とは「一つの全体の経験」なのであって、幼児にとっては「諸対象の情感的諸性格」が「本元的」である。そして「全体的表現」とは、「分解不可能」なものではなかったか。

　しかしそのような〈一〉なる場所からいかにして〈二〉なり〈多〉なりが生まれてくるのかの説明は、つねに難しい。メルロ＝ポンティは諸々の「次元」間には「派生」や「因果性」の関係は成立せず、そこには「跳躍」や「急変」や「非連続性」しかないのだと主張する。彼の求める「新しいタイプの知解性」とは、「《垂直的》であって水平的〔地平的〕ではない――知解性」なのである。われわれはシェリングにおいて、「何ものも意欲しない意志」は「何かを意欲する意志」を産出するのではなく、後者は「自己自身を生産」し、「絶対的に発源」しなければならないことを見た。後者は「自ずから」、「突然に」現れるのである。

　〈一〉から〈多〉への移行を導出することは、不可能だろう。「派生」や「因果性」や「生産」や「創造」といった諸概念は、同じ「場所」のうえでは成り立つのかもしれないが、しかしそのような水平の関係は、垂直的には妥当しない。〈垂直の論理〉は、〈水平の論理〉からは、理解も説明もされえないのである。

第五節　他性と場所

〈自ずから立ち現れるもの〉としての「自然」には、〈現れるもの〉と〈現れしめるもの〉との一致が含意されていた――それは最も深い意味での「自己」を指し示すであろう。しかし、それでは逆に「他性」の問題は、どうなるのだろうか。周知のように、二〇世紀は他者論が隆盛を極めた時代であり、そしてそのことは、とりわけフッサール、シェーラー、ハイデッガー、サルトル、メルロ＝ポンティなどの、今日では「古典的」とも称されるべき現象学的他者論において、顕著であった。またそこに見出された諸問題に対する反省から、世紀の後半にはレヴィナスのようなひとが、他者論を中心とした「第一哲学としての倫理〔学〕」を構築するにいたる。けれどもこのような現代の他者論の原型は、或る意味ではすでにフィヒテにおいて形成されていた。そして「他性」とその「場所」とについては、日本でも、たとえば西田幾多郎の哲学によって、独自の仕方で思索されている。

(1) 古典的な現象学的他者論の問題構制

二〇世紀の古典的他者論は、〈他者を見る〉を中心としたフッサール型と、〈他者と共に見る〉を優先させるハイデッガー型とを両輪としつつ、様々なかたちで展開されてきたと言うことができる。たとえばヘルトがフッサールの他者論を批判的に検討するとき、明らかに彼はハイデッガーの「共・有（Mit-sein）」の考えに依拠しているのだが、しかし今度はそのようなハイデッガー自身の考えが、〈他者によって見られる〉を前面に押し出すサルトルによって、厳しく糾弾されることとなる。しかし、結局のところサルトルの他者論も、〈他者と共に見る〉か〈他者を見る〉かのいずれかに還元されてしまうのではないだろうか。またメルロ＝ポンティやシェーラーの考えは、この問題に、どのようなヒントを与えてくれるのだろうか。

Ⅰ 〈他者を見る〉と〈他者と共に見る〉

「第五デカルト的省察」を典型とするフッサールの「移入の現象学（*Phänomenologie der Einfühlung*）」においては、他者は「場合によっては、他者を経験する者として〔の〕私を経験する者」として「私のうちで構成される」――構成者の構成、主観の対象化という問題は、最初から大変な困難を抱えているのだが、幾つかのアプローチを含む彼の他者論も、基本的には〈他者を見る〉を中核に据えていたと言うことができよう。たとえばもし私の知覚境域のなかに「一人の他人」が入ってきたとするなら、そのことは「私の本元的自然の知覚境域」のうちに「一つの物体」が入ってきたということを意味している。そしてこの世界ないし自然のなかでは「肉体（機能する器官）」として根源的に構成される「唯一の物体」とは「私の肉体」だけなのだから、「あそこの物体」は「私の肉体」からの「移送」によって、「肉体」という意味を受け取るのでなければならない。他者はまずもって「感性論的 - 運動的な層」において、「まるで私があそこにいるかのように（*wie wenn ich dort wäre*）」構成されるのである。

逆にハイデッガーの『有と時』においては、他者は眼のまえに直前的に現れる以前に、たとえば同じ事物を共に見、同じ道具や器物に共に接しているような「共現有（Mitdasein）」として、非主題的に共に出会われると考えられている。交通機関や報道機関等々を利用するさいの「日常的な共相互有（Miteinandersein）」において出会われている「日常的な現有」とは、「誰でもない者」であり、「ひと（*das Man*）」である。「われわれはひとが享受するようにして享受し、楽しむ。われわれはひとが見て判断するようにして文学や芸術について読み、見て判断する。しかしまたわれわれは、ひとが引きこもるようにして《大衆》から引きこもる」。特定の者がそれであるのではなく、あらゆる者が――総和としてではなく――それであるところの「ひと」こそが、本来的な自己が掴み取られる以前にさえ、「日常性の有り方」を指図しているのである。

II 〈他者を見る〉か〈他者と共に見る〉か？　そしてヘルトは、フッサール的な〈他者を見る〉は、ハイデッガー的な〈他者と共に見る〉を前提としなければ、成り立たないのだと考えた。結論だけ単純化して述べるなら、フッサールの「まるで私があそこにいるかのように」は、(1)〈あそこに同時的にいる他者についての虚構的な想像意識〉をも、(2)〈あそこにいた、またはいるであろう過去もしくは未来の私についての現実的な時間意識〉をも意味しうるのだが、両者の結合は、けっして現実的かつ同時的な意識を形成することができない――そのためには、(3)〈あそこで同時的に共に見ている者についての非主題的な現実的意識〉が、つまりは〈他者と共に見ている〉という意識が、想定されなければならないのだという。

　しかしながらヘルトが証示したのは、〈他者を見る〉ためには〈他者と共に見る〉が前提されなければならないということだけなのであって、そもそもいかにして〈他者と共に見る〉が成り立つのかは、検討さえされていない。そのうえ、たとえ共機能者についての非主題的な意識が前提されたのだとしても、そのことによっては、たとえば樹木に自己を移入してしまうような可能性を私から排除してくれるようなものなど、まだ何もないのだとさえ言わなければならないだろう。

Ⅲ　〈他者によって見られる〉？　ヘルトとは逆にサルトルは、ハイデッガーの「共-有（l'être-avec）」は「根拠なきたんなる肯定」にすぎないと主張する。また、たとえ「共に-有る」が証明されたのだとしても、そのことによってはまだいかなる「具体的な共-有」も説明されてはいない。示すべきはむしろ具体的で事実的な「ピエール-と共に-有ること」や「アニー-と共に-有ること」が、「私の具体的-有を構成する一構造」だということなのだという。「ひとは他者に出会うのであって、他者を構成するのではない」。

サルトルによれば、一方で「対象 - 他者」は「蓋然的」でしかなく、「疑いえない」のは「他者 - によって - 見られて - 有ること(être-vu-par-autrui)」である。しかるに他方では、「視られて - 有ること(l'être-regardé)」は他者の身体にさえ「綜合」されてはおらず、それは「数えられない実在」あるいは「数以前的な現前」にすぎない——なぜなら「他者 - 主観」は、対象化〔=特定化〕されえないからである。かくして『存在と無』第三部の諸分析は、具体的で事実的な他者にたどり着くどころか、結局は「遍在的な超越」や「無差別的なまなざし」、もしくは「さまよえるまなざし」にしか到達しないのだということになる。要するに、「ひとが私を視る(*on* me regarde)」のである。

「ひと」のレヴェルに留まるかぎり、サルトルの他者論は、ハイデッガーのそれの一ヴァリエーションでしかないだろう。けれども所期の目的には忠実に、事実的で具体的な他者に達するためには、サルトル他者論は〈他者を見る〉よりなく、かくしてそれはフッサールの他者論の一つのヴァリアントとなるしかない——しかしながら、そもそも〈他者を見る〉は、いかにして確証されうるのだろうか。

Ⅳ　Mit〔共に〕とFond〔基底〕

メルロ゠ポンティの「ひと」は多義的だが、とりわけ注目すべきは、そこには可能的他者一般としての「ひと」もあれば、まだ自他の区別もない「ひと」も見出されるのだということである——後者には、まだ〈他者と共に見る〉の「他者」も「共に」もない。しかも彼が豊富に提供している幼児期経験の諸実例も示すように、それはきわめて原初的かつ具体的な経験なのである。そしてもし「断絶」があるとするなら、それは「自我と他〔人〕とのあいだ」ではなく、むしろ

「われわれが一体化されているような一つの本元的一般性と、自我‐他〔人〕たちの正確な系とのあいだ」なのだという。

たとえ不特定であったとしても、一度《ひとたび》他者を措定ないし想定するのであれば、〈同じものを他者と共に見る〉ことは、他者の他性のゆえに、かえって不可能となってしまう――そこにはパースペクティヴの相違程度のものであれ、何らかの異他性が認められなければならないだろう。それゆえ〈他者と共に見る〉が成立しうるためには、そこにはMit〔共に〕以前の自他未分の共同性というものが、前提されているのでなければならない。Mitは共通のFond〔基底〕に基づいて、初めて成り立つのである。そしてそれは高名なるシェーラーの「一体感〔Einsfühlung〕」や「我‐汝に関して無頓着な一つの体験流」等々についての諸実例や諸分析も、示しているところではないだろうか。

V 古典的な現象学的他者論の帰趨

二〇世紀の古典的他者論には、大別して、(1)〈他者を見る〉、(2)〈他者によって見られる〉、(3)〈他者と共に見る〉の三つのパターンが見られたのだが、(2)は(1)か(3)のヴァリエーションでしかなかった。そして(3)は(4)〈自他非区分の生の基底〉を前提しているとはいえ、(4)にはまだ「他者」そのものが存在しないのだから、(3)が成り立つためには、(4)だけでなく(1)も成立しているのでなければならない。しかし、そもそも(1)の具体的他者は、いったいいかにして成立するのだろうか。

(5)〈他者が見ている〉という他者の志向的意識については、私はそれを内から知ることができない

——もし知りうるなら、逆に他者と私との区別がなくなってしまうであろう。しかしもし、たとえばメルロ＝ポンティやシェーラーの諸分析が示すように、感情や表情といった諸現象において、⑹〈他者の行使する非志向的な意識〉というものが存立しうるなら、⑹は⑷の発展形態として、自他が分かれたのちにも他者存在を挙示しうるであろうし、そのことによって⑸や⑴が保証され、⑶や⑵にもたどり着くであろう……。

しかしながら、たとえば表情なら、絵画や映像等の無生物においても認められることである。われわれは⑷から出発して⑹に基づきつつ、或る程度蓋然的に他者を絞り込むことができるのかもしれないが、しかし、そこに理論上の絶対確実性を求めることは、ベルクソンやマリオンなども告白するように、依然として困難である。そのうえ自他の無差別というような考えは、たとえばレヴィナスなどによって、厳しく糾弾されてきたのではなかったか。

⑵　神の他性と他者の他性

レヴィナス他者論にとってまず特徴的なのは、「倫理〔学〕」が「第一哲学」とみなされ、他者問題それ自身が理論から実践へと転回されたということであろう。「倫理的でないような人の人への関係など、存在するだろうか」。しかしながら、彼が好んで援用するデカルトの「無限」の観念とはいささか趣を異にして、レヴィナスにおいては〈神の他性〉と〈他者の他性〉との区別が、必ずしもつねに明確とは言いがたい。そのうえ〈神の他性〉をも巻き込んで、〈私に対する他者の絶対的優越〉という彼の「非対称性」の倫理学は、様々な困難を孕んでいる。つまりはその〈非対称性の倫理学〉にも、〈非対称性の倫理学〉だけでは説明し切れない〈対称性〉や〈相互性〉といった関係が、密かに前提されているのではないだろうか。

I　エゴ・コギトから出発した神の存在証明と他者の存在

　ちなみにデカルトの場合、〈神の他性〉はとりわけ〈無限の観念〉や〈因果律〉を用いた「第三省察」における〈神の存在証明〉において、鮮明に浮かび上がってきているように思われる。しかし現代では、「自己原因」としての神さえもが従属しなければならない〈因果律〉の適用のゆえに、マリオンのように公然とデカルト哲学に「有-神-論」のレッテルを貼り付けるような解釈者もいる——おまけにそれは、「永遠真理創造の真の反駁」でさえあるのだという。

　けれども自己原因としての神は、デカルト自身が述べているように、「本来的に言われた作出因」ではなく、せいぜいのところ「準作出因（quasi causa efficiens）」にすぎないのであって、それを「原因の有-神-論」に服従するものとみなす解釈には、なお反論の余地があろう。また、たしかにデカルトのいわゆる〈永遠真理創造説〉においては、神は永遠真理を「作出的で全体的な原因として」創造したと彼自身が述べてはいるのだが、しかしデカルト哲学のなかには、〈神は、私が有ると私が思惟するときに、私が有らぬようにすることはできない〉、〈神は、より大きいものがより小さいものから出てくるようにすることはできない〉、〈神は、被造物がその存在において神に依存的でないようにすることはできない〉、〈神は有らぬことができず、欺瞞者たることもできず、神に依存しない被造物を創造することもできず、なされたことをなされなかったことにすることもできない〉等々の、むしろ非被造的な永遠真理もまた存在するのである。それゆえ「有‐神‐論」を免れるのは、マリオン自身でさえ認めているような〈無限としての神〉だけではない。〈自己原因としての神〉や〈非被造永遠真理の具現者たる神〉もまた、そうなのである。

他方、デカルトに真の他者問題があったとは言いがたい。「第二省察」のなかの「そのもとに〈他者ではなく〉自動機械が隠れうるような帽子と衣服」という問題構制や、「第三省察」における「私と同類の他人たち」の観念の合成、また私の存在の真の原因たりえない「両親」の問題構制等々から、強引に他者問題を析出しようと試みたとしても、少なくともそこからは、現代の他者論に裨益するような思索を見出すことは難しい。また人間を機械や動物から区別する徴標としての〈言語〉や〈理性的行為〉の存在も、将来の人工知能技術の発展から予測するに、絶対的なものとは言いがたい。さらには神を他者と私との媒介者とみなすような考えも、もしそれがレヴィナスの批判するような「第三項」でしかないなら、他者を私に接近させようとするとかえって神が〈同〉に吸収されてしまうか、あるいはもし逆に神の超越性が保たれたとするなら、他者は私にとってますます遠くて疎い存在になってしまうというような結果に陥るだけだろう。

けれどもそのような超越性をこそ、レヴィナス他者論は要求する。「つねに他者が優先されます」と彼は言う。「隣人に対する私の関係は、けっして隣人から私に向かう関係の逆ではない。なぜなら私は他〈人〉に対して、けっして借りを返していないからである。関係は不可逆的である」。それが「道徳的非対称性」あるいは「形而上学的な非対称性」等々とも呼ばれる「相互主観的関係の非対称性」であり、「関係の不可逆性」なのであって、「諸項」ははっきりと「不平等」なのである。私は「他者への隷属（sujétion）」であり、この意味においてこそ「主観（sujet）」であって、私は「他者の過ち」に対してさえ「責任がある」――それは「私を迫害する者たちに対する責任」であり、「人質の責任」なのである。

そしてレヴィナスの場合、「神」とはこのような「不可逆性」の「条件」である。彼の有名な「隣人の顔」とは、「神が観念にいたるような或る沈黙の声によって、超越がそこにおいて或る権威を呼び求めるような、本源的な場所（lieu originel）」であり、「神の〈発話〉が鳴り響く仕方（le mode selon lequel la Parole de Dieu retentit）」なのである。「私の考え全体のなかで、人間たちの外で出会われる神が問われているのではない」と、レヴィナス自身が語っている。「他者へと導く運動そのものが、神へと導く」のである。

対称性や相互性というものも、もちろんある。けれどもレヴィナスの表明的な見解にしたがうなら、「平等」や「相互性」は「本源的不平等」を「条件」として、そのあと初めて生起するのだということになる。

Ⅲ　非対称性から相互性へ　本章第一節でも述べたように、たとえば彼は、平等という意味での「正義」は、「第三者」の入来によって初めて成立するのだと考える。「もし私に面と向かって〔一人の〕他者しかいないなら、最後まで私はこう言うでしょう。私は彼にすべてを負っている、と。私は彼のためにいます。そしてこのことは、彼が私になす悪をさえ支持します。つまり、私は彼と平等な者ではなくて、私は永久に彼にしたがうのです。私の抵抗は、彼が私になす悪が、やはり私の一隣人である一人の第三者に対してなされるときに始まります。正義の源泉であり、またそのことによって正当化された抑圧の源泉であるのは、第三者なのです。ひとが他〔人〕の暴力を暴力によって止めることを正当化するのは、第三者によって被られた暴力なのです」。そしてそのとき生ずるのが「比較」や「問い」であり、また「非対称性」の「修正」や「脱‐顔化（dé-visager）」等々なのである。

けれどもやはり第一節で述べたように、レヴィナスの「第三者」に関しては、それが第二者のあとにやって来て第二者のかたわらに立つ者なのか、それとも第二者の顔のなかに初めからつねに現前しているのかが、つねに曖昧なままである。「他者の眼のなかで、第三者が私を見つめている」、「顔のなかで不可避的な第三者の顕示は、顔を介してしか生じない」、「いまからすでに、他者のうちで、第三者が表象されています。他者の出現そのものにおいて、すでに第三者が私を見つめているのです」、等々。しかし、もし第三者は第二者のあとにのみ偶然的に到来するというのであれば、そのような僥倖以前には、たとえ第二者が凶暴な極悪人の場合でも、私は彼の暴力に対して抵抗さえしてはならないのだということになってしまう。けれども逆に、もし第二者の顔にはつねに第三者が現前しているというのであれば、そもそも〈非対称性の倫理学〉など、初めから無意味だったのではないだろうか。

同様の困難は、〈私の顔〉という問題に関しても指摘されよう。一方でレヴィナスは、「全員の平等」は「私の不平等」によって担われているのだと主張する。しかし、もし「第三者」が「正義」をもたらすなら、「他〔人〕は私に対して特権を持たない」とも言われている――それでは「全員の平等」が成り立つときには、「私の不平等」など成り立ちえないはずではないか。またレヴィナスには、「神のおかげで」私は「他〔人〕たちのような他〔人〕」になるという考えもある。しかしながら、彼本来の考えでは、第二者に近づくときには、すでにその超越性の条件として「神」がいたはずなのだから、汝に接するときには、私はすでに不平等を脱していたのだということになり、〈非対称性の倫理学〉など、やはり無用ということになってしまうのではないだろうか。

Ⅳ　非対称性の倫理学の問題点

けれどもたとえばレヴィナスは、私が隣人としかいない場合には「比較の可能性」はなく、「比較」はむしろ人間を「事物」なみに扱うことだと述べている。しかし、もし第三者が「正義」をも「比較」をもたらすのだとするなら、そのような「正義」こそが「不正」にして「暴力」だということになってしまうのではないだろうか。また「有とは別様に」を称揚するレヴィナス哲学は、「有は悪である」と言明し、「有」や「有論」が誕生するのも「第三者」とともにだと主張する。しかし、それではそこから生まれる「正義」とは、やはり「悪」なのだろうか。そのうえもし「第三者」が「脱 - 顔化」をもたらすというのであれば、そのような理論からは、「顔」という意味での他者の複数化も自我の複数化も、不可能になってしまうだろう。それゆえ「他〔人〕」たちに対する私の責任」とか「全員の人質」とかいった言葉は、やはり無意味となる。つまり先にも述べたように、そもそも彼の唱える「多元論」は、本当は多元論ではなく、せいぜいのところ「二元論」どまりだということになるであろう。さらにレヴィナスは、他者についてはその顔色さえ気にかけてはならないのだと主張する。ともかくも他者は「悲惨」であり、「貧しき者、異邦人、寡婦、孤児」なのである——しかしながら、そのようなデリカシーの無さや私の方からの一方的な決めつけが、本当に倫理的な態度なのだろうか。

最大の問題は、レヴィナスが自らの倫理〔学〕を、他者にも説いているということである。「他〔人〕の死はあなたの死に対して、またあなたの生に対して、優位を持ちます」と彼は言う。しかしながら、ここで献身や犠牲を求められているのは、私ではなく対話者たる「あなた」であり、そして逆に「優位」を保っているのは、ここでは「他〔人〕」と呼ばれている第三者、つまりはレヴィナス倫理学における「相互性」の使者なのである。

V　非対称性以前の相互性

われわれはレヴィナス倫理学が倫理学として成り立ちうるためには、そこには〈非対称性以前の相互性〉のようなものが、やはり必要なのだと考える。そしてそのことは、彼が好んで用いる「対 - 顔〔vis-à-vis 顔 - 対 - 顔〕」や「対 - 面〔face-à-face 面 - 対 - 面〕」といった言葉にも、すでに現れているように思われる。「対 - 談（entre-tien）」や「対 - 話（dia-logue）」といった表現もまたそうなのであって、レヴィナス自身が「私が第一哲学について語るとき、私が関わっているのは、一箇の倫理学たらざるをえない一つの対話哲学なのです」と述べている――それは彼特有の「前言撤回（dé-dire）」の構造のうちにさえ含まれているであろうような、相互に語り合うという状況ではないだろうか。

　そのうえ〈非対称性の倫理学〉といえども、他者が人間であり、「私の同類」であるということまで否定することはできない。あまつさえ私の責任とは、「一人の死すべき者に対する一人の死すべき者の責任」なのである。さらには他者も私も「特異性」や「唯一性」や「自我」によって特徴づけられ、共に「責任」を負いうる者であり、身体を有するがゆえに飢えて苦しみ、暖を求めパンを口にする存在、また「陽の当たる席」か否かは別にして、共に「席」を有し互いに「席」を交換し合いうる存在である等々の、自他の相互性もしくは共通性が前提とされていなければ、そもそもレヴィナス倫理学など成り立ちえないはずである。

　そして現にレヴィナスは、「本質的に非対称的な或る《空間》」や「相互主観的空間の湾曲」といった表現を、用い続けている。つまり、たとえ「非対称的」であったとしてさえ、そもそも私と他者とは、同じ共通の「空間」ないし「場所」――「或る超越の場所」――のうえに立っていなければならないのである。そしてこのような「空間の湾曲」は、「おそらく神の現前そのもの」である——つまりレヴィナスにおける「神」とは、むしろ私と他者との関係がそこにおいて初めて成り立つような「場所」のことではないだろうか。

(3) 絶対我／絶対者の哲学と他性の諸問題

現代的な他者論の源流の一つとして、フィヒテのそれを挙げることができよう。それはフッサールからメルロ＝ポンティにいたるまでの現象学的他者論のみならず、多少ともレヴィナスのそれをも予見させるようなものであり、またそれとともに現代の他者論の諸困難をも予示するようなものであったと言うことができる。しかもフィヒテの他性論には、他者の他性のみならず、非我や神の他性もまた含まれている。

I 「絶対的自我」の哲学における「非我」の他性の問題　「フィヒテが考えるような自我は、あらゆる他性を排除する」と、フォイエルバッハが述べている。じじつ最初の『知識学』たる一七九四‐五年の『全知識学の基礎』においては、「絶対的自我」が「端的に無条件的なもの」とみなされ、事物の「抵抗」や「衝突（Anstoß）」でさえ、「自我の活動」の「自己限定（Selbstbegrenzung）」の方から思索されている。「非我」の実在性とは、じつは「自我」から「移送（übertragen）」されたものにすぎないのである。

「物自体」の問題に関して、初期フィヒテは、最初はまだ幾らかためらいを示し、『基礎』において最も真剣にこの問題を検討したのち、次第に「物自体」の概念そのものを放棄するようになって、その傾向が最も顕著だったのが九七年の二つの『序論』だったのではないかと思われる。たとえば『基礎』では、「絶対的存在者としての自我の非依存性」と「知性としての自我の依存性」が強調されたりする。けれどもわれわれは、「非我」や「物自体」の問題では、〈理論的自我と絶対的自我の抗争〉だけでなく、〈実践的自我と絶対的自我の葛藤〉をも併せ考察すべきではないかと考える。フィヒテは「有限な精神は、自己の外なる何か絶対的なもの（物自体）を、必然的に措定しなければならないのだが、それでも他面では、そのようなものが有限な精神にとってのみ現にある（一つの必然的なヌーメンである）ということを認めなければならないのだということ、このことは、有限な精神が無限に拡張しうるが、しかしそこからはけっして抜け出すことができないような循環である」と、また「物自体とは自我にとっての、したがって自我のうちの何か、それでも自我のうちに有るべきではない何かである」とも述べている。それゆえ『基礎』の「物自体」とは、努力の相関項たる理想の裏面ないしは理想に付きまとう影のようなものなのであって、その意味ではネガティヴでしかないのだが、しかし、実践的な自我がどこまでも有限たるかぎりで、人間精神からは拭い切れないようなものだったのではないだろうか――けれどももちろんそれは、絶対的自我のうちには包まれているのである。

Ⅱ 「促し」他者論と「個体性」の問題

初期思想のなかでも九四年の『学者の使命』や九五年の

『言語能力と言語の起源について』では、まだ「類似」と「運び込む」作用とに基づいた、一種の移入論のような他者論が考えられていた。それは「他我」からの「促し」を基礎とした、レヴィナスを予見させなくもない直後の他者論とは異なって、むしろ自我からの促しによって他者の自由な変化を喚起するがごとき他者論である。本格的な「促し（Aufforderung）」他者論が見られるのは、九六年の『知識学の原理による自然法の基礎』、九八年の『知識学の原理による道徳論の体系』、そして九八‐九年の『新たな方法による知識学』においてである。すなわち「自由な行為への促し」には、その行為を行うことによっても行わないことによっても主観の「自由」が示される。そして「促し」を主観が「理解し把握しうる」なら、「主観の外の促しの原因」もまた「理性と自由の概念」を有した「理性的存在者」だということになるだろう。このような促しの実例として、『自然法』は「教育」を、『新方法』は「問い」を挙げている。しかるに『自然法』によれば、子は親に、親はまたその親によって教育され、そのようにして遡るなら、「最初の人間ペア（アダムとエバ）」の「面倒を見た」のは、「或る精神（＝神）」だということになる――ちなみに『新方法』は、「自由な活動への促し」とともに、「人格としての自己性の概念」は「理性王国」からの「取り出し（Herausgreifung）」によって構築されるとも述べているのだが、もちろんそれは「個体」の取り出しという意味である。

　フィヒテは他者からの「促し」によって初めて私は「自己意識」に到達すると考えるのだが、しかし彼自身の言により、意識は自己意識を前提としている。それでは促しを「理解」し「把握」する意識は、すでに当の自己意識を有しているはずではないか。けれども促しによって初めて成り立つ意識や自己意識は、おそらくは個体的なものである――或る自由な個体的意識が、他の意識を自由な個体性へと促すのである。それゆえ「促し」と「取り出し」の問題は、一致する。しかしながらフィヒテが証明したのは、私が個体的な意識や自己意識を持つからには、すでに個体的な意識と自己意識とを持つ少なくとも一人の他者がいたのでなければならないということだけなのであって、アポステリオリな他者の存在証明は、初期の彼においては、「推論」に委ねられたままである。そのうえ「最初の人間ペア」を教育したとされる「神」は、まだ個体的意識を持たない「絶対的主観」、あるいはたんに「道徳的秩序」にすぎないのであって、それはけっして「或る特殊な実体」などではない。それゆえ個体性の成立は、依然として謎のままなのである。

Ⅲ「絶対者」とその「現出」　「絶対知」は「絶対者ではない」という一八〇一―二年の『知識学の叙述』の言葉とともに、「絶対者」を主題化しつつ、それをその「現出」から区別するフィヒテの中期思想が始まる。その現出は「知」、「光」、「像」、「実存」、「現有」あるいは「有る(ist)」等々と呼ばれ、また「絶対者」もしくは「神」のみを残すために、「自己滅却(Selbstvernichtung)」が称揚されたりもする。

たとえば〇四年の『知識学』では「光」が「絶対的な即自」としての「光源」から区別され、〇五年の『知識学』もまた「光の自己産出」を否定して「光の神的な産出(神からの光の産出)」を肯定しつつ、

「神」や「絶対者」を「光」から区別する。〇五年の『学者の本質』もまた「絶対者は生であり、生は絶対者である」と述べつつも、「この神的生は即かつ対自的には純粋に自己自身のうちで覆蔵されている」と語り、〇六年の『浄福なる生への導き』でも「神」は「内的に、自らのうちで覆蔵されている」と述べられている。しかし、それならば「知識学の客体」は「意識の根本諸規定」であって「意識の外に現実的に現存している諸事物」ではけっしてないと語る知識学の立場からは、いかにして「即自的に有るがままの神自身」について語りえたのだろうか。あるいはまた逆に、もし自己滅却が可能なら、今度は他性の問題はどうなるのか。

「汝が見るもの、汝自身が永遠にそれで有る。しかし汝は、汝がそれを見るようにそれで有るのではないのだし、汝がそれで有るようにそれを見るのでもない」と、また「神が見るもの、神自身が永遠にそれで有る。〔……〕ただ神は、神自身が有るように自らを見るのではない」と、『導き』では述べられている。このような「有」と「見」との分裂が、「知識学」それ自身の存立を危うくする——ちなみに同書が「しかじかのもの（das und das）」を現有の「反省」から導出しようとするとき、そこでは「しかじかのもの」は初めから先取りされているのであって、〈一〉からの〈多〉の成立を説明するのは、やはり困難なままである。

また〇四－五年の『現代の根本特徴』が、理性的存在者の成立のために、「あらゆる学や技術なしに、そのたんなる現有によって、完全な理性文化の状態にあった或る根源的な標準民族（Normalvolk）」を仮定しようとするとき、他者問題に関するそのような説明もまた、学というより「一つの神話」にすぎない。

Ⅳ 「現出としての現出の自己現出」

中期の「自己滅却」に代わって、後期において目立ってくるのは、たとえば絶対者の自己顕現や自己表出への衝動、つまりは自己可視化への「見衝動」という意味での、〇七年の『知識学』における「神の衝動」ないし「神的衝動」の概念や、一一年や一二年の『知識学』を中心とした「現出の自己現出」という問題構制である――思惟や欲望や自愛の「無化」や「自己滅却」という中期の発想が、自らを虚しくするとはいえ、やはり自己から出発して考えられていたのに対し、「神の衝動」や「現出の自己現出」は、あくまで絶対者の側から考えられた「現出」の問題であるように思われる。また「像」とならんで「図式」という語が頻出するようになるのだが、しかし〇七年の『知識学』では「図式性」は「創造する生」を「隠蔽」すると言われ、また一〇年の『知識学』によれば、「図式は殺す（ertödtet）」。

一一年の『知識学』は、図式を一から五に区分している。すなわち「図式一」とは神の「御言」としての神の直接的「現出」のことであり、「図式二」とは「図式の図式」もしくは「現出の現出」、つまりは「図式としての図式」ないし「現出としての現出」のことなのであって、それによって「有」と「現出」とが区別される。「図式三」は、そのことについての自己意識、つまりは「統覚」という「原理」もしくは「能力」であり、その意味での「自己現出」――「現出としての現出の自己現出」――である。

しかるに「現出」は「自らを理解」していても、まだ「自らを理解しているということを理解」していないということもありうるのであって、そのような非主題的ないし前反省的な、あるいは非措定的な自己意識たる「図式三」には、主題的にして措定的な「反省」ないし「反省可能性」が、「図式四」として加わりうる。そして「図式五」とは、反省によって分裂した多様を経験的に直観するような事実的・質的な現出のことなのであろう。

後期フィヒテにおいても、神や有や生については、「覆蔵」ないし「覆蔵性」が語られ続けることになる。そして「現出としての現出の自己現出」の問題構制が顕わにするのは、ただ絶対者は像ではないということだけなのであって、絶対者の内実が絶対的に自己顕現するということではけっしてない。しかし、それでも後期フィヒテがともかくも神について語り、そして多様について語りうるためには、フィヒテは絶対者の絶対的自己顕現と有限者の有限的顕現作用との二つを、どこかで絶対的事実として想定していたのでなければならないはずなのだが、そのことに関するフィヒテの自己省察が、十分であったとは言いがたい。

V 「個体化ノ作用」と「原種族」の問題構制 後期フィヒテの他者問題に関しては、まず一〇-一一年の『意識の諸事実』が、初期とはちがって「肉体の形態から或る自我が推論される」という道を放棄するのだが、しかし、相変わらず「一なる生」からの「収縮(sich contrahiren)」という「個体化ノ作用(*actus individuationis*)」が、焦眉の問題とされている。しかもその「個体化ノ作用」には端的にいかなる「自己意識」も存在しえないと考えられているのだから、個体化は、なぜだか分からぬままに生起しているのだということになる。そのうえ一二年の『法論の体系』では、「そこには諸個体など、まったく存在しない。全員が、ただ共通の目的のためにのみある」と述べられているのであって、結局のところフィヒテは、個体としての個体の問題、つまりは本来の意味での他者問題には、さほど関心がなかったのかもしれない。

一三年の『国家論』では、初期の「最初の人間ペア」の教育者たる「或る精神（＝神）」や中期の「標準民族」の話題を受け継ぐかたちで、「定性的に人倫的」であるような「或る根源的な人類」たる「一民族」として、第一の「原種族（Urgeschlecht）」について語られることになる。しかし、人類の最初の教育者の役割が彼らに託されるのであれ、彼らの神に委ねられるのであれ、あるいは「第二の原種族」にとってのキリストに任されるのであれ、いずれにせよそれがデウス・エクス・マーキナーであることに変わりはない。

(4)〈私と汝〉と〈於てある場所〉と〈於てあるものなき場所〉と

他方、「場所」の哲学者と言えば、何と言っても西田である。彼は一九二六年の論攷《場所》と前後して、「場所」の思想を彫琢し始めるのだが、三二年の論攷《私と汝》を中心に、「他者」問題にも本格的に着手することになる。しかしながら、「場所」という考えにも基づくようになってくる彼の他者論を追ってゆくなら、そこにはもっと根源的な様々の諸問題が、含まれていることが判明する。

I　私・汝・彼・物・神と場所

《場所》以前の前期西田の他者論は、基本的には「主客未分以前」の「自他合一」のそれであった。よく言及される「感情移入」もその線から解釈され、自他が相分かれたのちも、多くの場合、相互性が自他関係の基本となっている。しかるに《場所》期の西田は、たとえば「自他は一般者の場所の上に互に区別する」と述べつつ、「自他」に関しても「区別」を強調するようになってくる。もちろん「同じ意識に於てある、同じ場所に於てある」と言われる「我々」とは、「〔私の〕個体的自己」であり「他人の個体的自己」なのであって、「真の自己」とはむしろ「場所其者」のことである。

《私と汝》でも、西田は「汝と同感すること」よりも「汝と相争うこと」を強調し、それが「話し合う」関係だと述べている。そして「自己の底に絶対の他を認めることによって内から無媒介的に他に移り行く」と、あるいは「絶対の他を媒介として汝と私とが結合する」と同稿が述べるとき、その「底」が西田のいわゆる「絶対無の場所」であることは、察するにかたくない――その後西田は、一時期「私と汝」だけでなく、「彼」の問題構制も手掛けるようになるのだが、しかし最初は「甲」と「乙」にならぶ「丙」であった「彼」は、すぐさま「個物と個物の世界」や「私でもなく汝でもなく、彼として客観的に物を見る（彼は又私とも汝ともなるものである）」という問題構制に、つまりは「無数の個物」や「見るものなくして見る」といった問題構制に吸収されてゆき、逆に「私と汝」の問題構制は、そのまま存続するのだということになる。

けれども西田においては〈私‐私〉の関係と〈私‐汝〉の関係があまりにパラレルに扱われすぎていて、かえって他者固有の他性が見失われてしまう嫌いがあり、そのことは彼が「物と物との間」にも「私と汝との関係」を見ようとするようなときにも指摘されえよう。そのうえ「場所」が「神」と同一視され、神が「絶対矛盾的自己同一」と規定されるに及んでは、《私と汝》にも見られたように、自他関係の基調は相互否定的な「闘争」であり、「歴史的世界」は「闘争の世界」だという帰結を招来してしまうことにもなる。

Ⅱ　「矛盾を越えて矛盾を包むもの」

しかし、そもそも西田において「否定」や「矛盾」や「弁証法」は、それほど根源的な考えだったのだろうか。「肯定的」、「否定的」、「否定の否定即ち矛盾的統一」という「三つの段階」を経る彼の「弁証法」は、きわめて措定的な態度だと言わざるをえない。そして「神秘とかパラドックスとか云うこと」も「既に対象論理の立場からの考が基となって居る」と批判しているのは、西田自身ではなかったか。

西田はその前期思想の段階から、「分化発展」にも「多を包む全体なる一」を認め、有と無、肯定と否定、生成と消滅の交錯する「時」に関しても、「之れを包む一般者」を主張する。「他から区別せられるには、他と共通のものがなければならない」のであり、「全然無関係なるものは、相反するとも云われない」、あるいは「単に無関係ならば、相矛盾するとも云われない」のである。西田はまた「Dialektik〔弁証法〕を包むもの」や「矛盾を越えて矛盾を包むもの」についても語っている。「無にして見るものが自己自身を見ることによって矛盾が止揚せられる」のである。否定・矛盾やそれらから成る弁証法に関しては、それらを包む全体の自己同一が、その根底として存続する。それゆえにこそ西田は〈絶対矛盾的自己同一〉について語ることはあったにせよ、けっして〈絶対同一的自己矛盾〉とは言わなかったのではないだろうか。

Ⅲ　「歴史的自然」と「生きた自然」

ところで先にも見たように、「歴史的世界」とは「私と汝とが相逢うという意義」を持ち、「何処までも種と種とが相対立し相争う闘争の世界」である。そして基本的には西田は「歴史的形成作用の立場」を採り、それゆえ自然をさえ歴史のなかに含み入れるような「歴史的自然」という考えを宣揚するようになる。しかしながら、西田における「自然」は幾分多義的で、一方には「理学者の所謂自然」と言われるような「単なる自然」があるかと思えば、他方には「美術家の所謂自然」のような「生きた自然」もある。そのうえ後者は後者で、「ポイエシス」の意味での「作為」や「人為」からことさらに区別されつつ称揚されることもあれば、「自然の中に文化があるのではなく、文化の中に自然がある」というようにして、「その国民の共同的意識を通して見た自然」が強調されることもある。

しかし、たとえば「歴史的形成作用の立場」から「実験」や「観測」が「一度的なる歴史的事実の性質を有ったもの」であることを強調して、「物理学の世界」まで「歴史的世界」とみなすのは、やはりゆきすぎではないだろうか。たとえば光速度を測定する行為は毎回異なる環境のもとに行われるのかもしれないが、だからといって光速度まで測定ごとに毎回「歴史的」に「変じてゆく」などとは、誰も主張しないだろう。

西田の言う「歴史的自然」には、創造や制作との連関のなかで、自然も歴史も一貫して物的かつ表現的に捉えるといったニュアンスが強い。けれどもラヴェッソンの『習慣論』を利用しつつも、いわゆる「第二自然」を本来の「第一自然」と考えることによって、西田が「物質界」もまた「歴史的世界の一種の習慣」とみなし、「本能」でさえすでに「作られたもの」だと主張するのには、やはり無理があろう。たとえば本能を作ったのが自然なら、自然を作ったのは神なのだろうか。それでは神を作ったのは誰なのだろうか――かくして西田の言う「作られたものから作るものへ」は、必然的にこのような背理に陥るように思われる。

Ⅳ 「作られたものから作るものへ」と「創造されもせず創造しもしないもの」

遅くとも一七年から、早くても四三年までは、エリウゲナの「創造されもせず創造しもしないもの」について言及していた西田は、しかし、その最後の完成論文《場所的論理と宗教的世界観》では、「何物も創造せない神は、無力の神である、神ではない」と言明するにいたってしまう。そしてその西田が最晩年にいたるまで利用し続けた「作られたものから作るものへ」という表現は、遅くとも三七年には用い始められたものである。「何故に作るものからと云わないか」と、西田自身が自問している。「絶対者の立場」からするなら、そうなるでもあろう。しかし「作られて作る我々の自己の立場」からは、この世界は「何処までも作られて作り行く」と考えざるをえないのだという。換言するなら、たしかに「作られたものから作るものへ」ということは、「矛盾的自己同一の立場」からは逆に、つねに「作るものから作られたものへ」ということでなければならず、それどころか「絶対矛盾的自己同一そのものの立場」においては、「作るものもなく、作られるものもなく、右もなく左もなく、前もなく後もない、すべてが一」と言えるでもあろう。しかしながら「作られた世界の立場」からするなら、どこまでも「作られたものから作るものへ」なのだという。

じっさい西田は、「人間から神に到る途はない」、「人間より神へ行く途は絶対にない」等々と述べてはいるのだが、しかしながら、西田の読者なら、平然として彼が「神」や「絶対者」について語り続けていることも、よく知っているはずである。そのうえ「人は自己が自己を越えた立場と云う如きものは考えられないと云うかも知れない。それが考えられると云うのではない。我々はその立場から考えて居ると云うのである。考えられないと考えることその事が、その立場から考えて居るのでなければならない」と述べているのは、西田自身なのである。それゆえ西田は、むしろエリウゲナに関する当初の彼の見解を、最後まで貫徹すべきだったのではないだろうか。

V　〈於てあるものなき場所〉の考察に向けて

その「作る」や「作られる」ということに関して、西田はよく「一から多へ」や「多から一へ」といった表現を用いている――どちらが「作る」でどちらが「作られる」か、その方向に関する西田の言説は、さだかではないとはいえ。しかしながら肝要なのは、むしろ〈作らないもの〉には「一から多へ」も「多から一へ」も、初めからなかったということであろう。究極の場所、西田のいわゆる「絶対無の場所」とは、結局のところ、〈多なき一〉もしくは〈一における一〉だったのではないだろうか。

つまり西田の「場所」論は、或る場所においてあるような「於てあるもの」と、その「於てあるもの」がそこにおいてあるような「於てある場所」との両者から成り立っており、そして「於てあるもの」は「於てある場所」の方からこそ考えられている。しかし、それでは「於てある場所」は、今度はどのようにして考えられるのだろうか。ちょうど後期ハイデッガーが、もはや「有るものの有」を思惟するのではなく、「有るもの」なしに「有それ自身」を思索しようとしていたように、もし「場所」を「於てあるもの」から思惟するのではなく、「場所」それ自身において思索したいと思うのであれば、われわれは「於てあるもの」も、その相関者としての「於てある場所」も、一旦は捨象して、端的に「場所」それ自身を思惟するのでなければならないだろう。そしてもし「於てあるもの」が〈多〉であり、「於てある場所」が〈多における一〉だとするなら、〈「於てあるもの」なき場所〉すなわち端的な「場所」こそが、〈多なき一〉もしくは〈一における一〉だということになる。われわれの考えでは、それこそが〈否定や矛盾や弁証法の根底にある自己同一〉であり、また〈作ることも作られることもないもの〉、つまりは〈自然〉なのである。

「分らぬというのは既にどこかに於てわかっているのである。絶対にわからぬものならばわからぬということもわからぬはずであると思う」と、西田自身が述べている——このような態度は、すぐれて現象学的な態度と言えよう。そしてわれわれ自身がこれまで絶えず追い求めてきたものとは、ときとして西田が標榜しているような「歴史的実在の現象学」ではなく、まさしく「自然の現象学」だったのである。

第三章　『自然の現象学』出門

前章ではわれわれは、これまでわれわれが公刊してきた『自然の現象学』に関する六冊の著作の内容について、その概要を示してきた。『自然の現象学』のシリーズは、以上をもって一応の完結を見る。しかしながらわれわれは、本書冒頭でも述べたように、「自然の現象学」に関するわれわれの諸研究に、現段階でけっして満足しているわけではない――もちろんそれは、テーマを変更したいとか、問題領域を拡張したいとかいうことではなくて、もっと掘り下げるべき点はなかったか、ということである。

それゆえ本章ではわれわれは、場合によってはいままでのわれわれの諸研究に対する自己批判とか自己破壊とかいったものも含めて、今後の課題に向けての諸反省を行ってゆきたいと思う。それはまず、(I)「自然の現象学」の基礎的諸概念に、(II)同じくその基礎的論理に、(III)またその表現や方法といった諸問題に関する諸省察であり、そしてそれらを踏まえつつ、最後にわれわれは、(IV)『自然の現象学』以降の「自然の現象学」の有り方やその検討課題について、考察してゆきたいと思う。

第一節　「自然の現象学」の基礎的諸概念に関する諸問題

ここでわれわれがその問題点を析出したいと考えている「自然の現象学」の基礎的諸概念とは、とりわけ「自然」――「無為自然」や「自然体」も含めて――のそれ〔(1)~(4)〕であり、また「現象」――なかんずく「隠れている」ということの意味や構造をめぐって――のそれ〔(5)〕である。

(1)「自然」の意味

本シリーズの第一作を上梓したとき、或る先達から、筆者の言う「自然」とは「ピュシス」のことか、それとも「ナートゥーラ」のことなのかと尋ねられて、困惑したことがあった。

Ⅰ　ピュシス、ナートゥーラ、nature、自然　なぜなら筆者は、「自然」というものがどのような有り方ないし現れ方をしているのかを、これから本格的に探求してゆきたいと考えていたのであって、特にギリシアの「自然」観や中世ラテン世界の「自然」観について、主題化したいと思っていたわけではなかったからである。「自然」について問うまえに、それがギリシアの自然なのか、それとも中世ラテン世界の自然なのかを問うことは、われわれ自身の研究の方向とは反対に、歴史や文化の方から「自然」を規定してゆこうとする態度ではないだろうか。

言葉にはもちろん言葉の歴史というものがあり、「自然」という言葉にもまた、たしかにその歴史というものは存在する。しかしながら、われわれがここで行いたいと考えたのは、あくまで〈自ずから然り〉という特異な現れ方をする「自然」についての現象学的な諸研究なのであって、文化や歴史を介して現れてくる「自然」についての、たとえば比較文化史的な諸研究等々ではありえない。あまつさえわれわれ自身は、言語が事象を構成するというような、一種の構成主義的な立場を採っているわけではない――われわれはむしろ、言語以前的なものをこそ、重視しているのである。

もちろんわれわれが何かを探求し始めるとき、そこには漠然とした先行理解や先行判断、ないしは先入見といったものが――個人的なもののみならず、共同体的なものも含めて――存在し、そしてそのなかには言語のうちにこそ沈殿しているようなものも、多々あるのかもしれない。のちにまた検討することにもなるのだが、哲学の場合、それは〈先行哲学〉や〈哲学以前的なもの〉の存在という問題とも関わってくる。そしてわれわれ自身が「自然」を「自ずから然り」と読んでいること自体が、何か言葉からヒントを得ようとするような態度ではないだろうか。

しかしながら、もしわれわれが言葉の伝統も含めて伝統にしたがうことしかできないというのであれば、われわれはけっして伝統を批判したり、伝統と対決しようとしたりすることなど、できないことになってしまうだろう。言葉の歴史に留意することには、もちろん大切な一面もあろう。しかし、それだけがすべてというわけではけっしてない。現にわれわれは、「自然」という日本語には、むしろ親鸞の

「自然法爾」においてのように、「自ずから然らしめる」もしくは「自ずから然らしむる」と読まれる伝統があるにもかかわらず、われわれはそういう読み方を採らないと言明してきた。そしてそのことは、われわれが哲学するとき、言葉の歴史的・文化的な含意や沈殿に必ずしも絶対に服従しなければならないわけではないという、われわれ自身の基本姿勢をも示している。

Ⅱ 「自ずから然り」と「自ずから然らしめる」

もちろん「自然」を「自ずから然り」と読もうとするとき、当然のことながらわれわれが留意したのは、「自ずから立ち現れるもの」と規定されることの多い「ピュシス」のことである。逆に「自然」を「自ずから然らしめる」と読む場合、そこには使役〔助〕動詞の lassen や laisser が介入して、余計な問題が増えてしまうのではないか、また完璧な lassen などというものは存在しえないのではないかと、先にわれわれは述べておいた。もし「しめる」が何らかの後追い的な作業であるとするなら、それは完全には不可能であるように思われるし、第一「自ずから然らしめる」は、いかにして「自ずから然り」を忠実に現れしめたり有らしめたりするのかという意味において、むしろ「自ずから然り」を――近似的なものとしてであれ――あらかじめ前提しているのだということになる。

シェリングやハイデッガーのように lassen や Gelassenheit〔放下〕を称揚する思索者たちは、lassen が後追い的な作業であるかもしれないということを、あまり重視していないように思われる。lassen や Gelassenheit には、中期フィヒテの「自己滅却」のように、むしろ自ら透明になろうとする傾向が強いのではないだろうか。しかしながら、一方でlassenやGelassenheitは、事実上、完全に透明にはなりがたいのだし、また他方では、もし権利上、完全に透明なlassenやGelassenheitが存在しうるのだとしたなら、それではなぜ「自ずから然り」だけでなく、さらに「自ずから然らしめる」が必要となってくるのか、その理由が分からないということにもなってしまおう。

そもそもひとは、なぜlassenと言うのだろうか。ひょっとしてそこには、「自ずから然り」を「意識」と、「自ずから然らしめる」を「自己意識」とみなすような、自覚ないし反省〔反映〕の契機が、求められているのかもしれない。しかしそのような場合でも、やはりそうしたlassenは事後的な反省という意味での措定的・主題的な再現作用なのか、それとも非主題的・非措定的な反省という意味での自己意識なのかが、問題とされてくるであろう。そして前者の場合には、そのようなlassenが本当に必要なのか、そしてそれが完全に透明になりうるのか否かが、やはり問われてくることになる。けれども後者のような場合でも、もし「自ずから然り」のうちにすでに「自己」や「立ち現れる」といった契機が含まれているのだとするなら、あらためてそこにlassenを付加する必要など、本当にあるのだろうか。

第一章でも述べておいたように、「自ずから立ち現れる」という意味での「自然」に必要なのは、事後承認的な裏打ちという意味での肯定や否定の作用ではない——それは両者の手前にこそ存するであろう。

(2) 〈小さい自然〉と〈大きい自然〉

ところで具体的な「自然」に関しては、たとえばわれわれは、「山」は自然であり、「川」もまた自然である、等々と語ったりする。しかし自然とはもともと〈一なるもの〉なのだと、われわれは述べていたのではなかったたか。そして「山」や「海」や「川」や「木」は、それら自身は「自然」であるとはいえ、それでも〈多〉を形成しているということにはならないのだろうか。

I 個々の自然と一なる自然

すなわちわれわれは、個々の自然物と大自然もしくは大地との関係について、いまだ十分に考察してきたとは言いがたいのかもしれない。先にわれわれは、「比叡山」の経験は歴史的経験だが、それ以前に「山」の経験は自然的な経験だと述べた。しかしながら、「自然」と言わずに「山」と言った途端に、厳密な意味では、それは「自然」の経験であることをやめてしまうのだろうか。

けれどもとりあえずここで述べておきたいのは、「山」を経験するときも、われわれは「山」だけを周囲から隔絶して、単独で経験しているわけではけっしてないのだということである――もちろん逆に「山」だけを単一的に思い浮かべれば、ただちにそれが「歴史」や「文化」の経験となるわけではないということにも、われわれは留意しておかなければならないのだが――。しかし、逆にまた、「山」は「周囲にあるもの」のおかげで初めて「山」なのだから、「山」は「自ずから立ち現れるもの」たりえないというような主張にも、やはりわれわれは違和感を覚える。なぜならそのような発言は、あらかじめ諸事物を人為的に区別したうえで、あらためて単体としての「山」を周囲の諸事物との関係のうちで考察しようとしているからである。諸々の個物を区別したうえで全体を再構成したとしても、それはきわめて人為的な態度なのであって、そのような態度にはむしろ「不自然さ」が感じられよう。比較する意識、孤立させたうえでふたたび連結する意識、分析しかつ綜合する意識等々は、〈多における一〉や〈一における多〉の意識を端的に代表する。しかしながらそれは、「自然」の経験にはふさわしくない。「山」が自然であるとわれわれが述べるとき、われわれは「山」を「川」と比較しているわけではないのだし、「山」を「海」と対照しているわけでもない――もちろん「谷」のない「山」は存在しないなどと、ことさらに思惟しているわけでもない。もし風景のなかに電線とか看板とか造花とかいった人工物が混在していて、それらの異物がもたらす違和感のゆえに、「自然」の経験が妨げられるというのであれば、それはもともと「自然」が「一なる全体」の経験を要求しているからではないだろうか。

Ⅱ　いかにして個々の自然が生まれるのか

それにしても、なぜわれわれは、端的に「自然」と言うのみならず、「山」、「川」、「海」、「木」、「花」等々の一つ一つを「自然」と呼んではばからないのだろうか。つまり、いかにして個々の自然ないし自然物が生まれてくるのだろうか。

先にわれわれは、〈一にして不可分の全体的空間〉から物が個別化されるのには、おそらく知覚の〈中心-周縁〉構造がその一因となっているのではないかという考えを示唆しておいた。しかし〈図と地〉の問題構制のおりにも述べたように、〈中心-周縁〉構造それ自身は、まだそれだけでは相変わらず〈一なる全体〉として捉えられうる。諸物の個体化には、全体から出発した差異化や区別の意識が伴わなければならない。そしてそのような「個体化の原理」は、ショーペンハウアーも述べているように、〔表象としての客観的な〕時間と〔表象としての客観的な〕空間であるかもしれない。あるいは異他的物体の特定には、メーヌ・ド・ビランなども言うように、さらには能動的な意志作用が必要なのかもしれない……。

しかしながらこのような個体化の諸理論は、個々の自然物に接するときには、いささか的外れであろう。いままでの個体化の諸理論においては、たいていは自我の側にイニシアティヴが認められていたように思われる。けれども自然物に出会うとき、そこでももし「自ずから然り」ということがまだ言われうるのだとするなら、そこにはその種の自我のイニシアティヴがふさわしくないのは、明らかである。

そのうえ全体としての自然が諸々の個体に分かたれて言及される場合でも、ことさらに差異や比較を強調して見る見方もあれば、もともとの全体や全体感を何らかの仕方で維持しつつ受け取るような見方もあるだろう。表面的には「個体」について述べているようなときでさえ、まだ「個体」についての顕在的意識を伴わないようなケースも、多々あるように思われる。ともかくも、われわれが自然――自然物――に没入しているとき、そこには分断的態度や分析的思考は、まだ存在していないのだと言わなければならない。

われわれは、たとえば「個々の自然物」は「全体としての自然」の「象徴」だというような語り方は、行うべきではないと考えている。それは文学的な逃げ道となってしまう可能性もあるのだし、また言語以前的なものを言語モデルで考えてしまう恐れがないとも言えない——言語モデルの思考法には、のちにまた立ち返ることにする。ともかくも、石や生花や箱庭というような「個々の自然物」を「大自然や宇宙の象徴」とみなすというような言い方は、明らかに諸々の「自然物」と一なる「自然全体」とを一旦区別したうえで、あらためて両者を再結合するような見方をしか示していない。

〈一なるもの〉が分化した途端に、もともと「自然」であったものが「文化」に変貌するわけではないにしても、「自然」が〈一〉の近傍に位置し、「文化」や「歴史」が〈多〉や〈他〉の側に立つということに関して、基本的にはわれわれの考えに変わりはない。しかしながら、いかにして〈自然の多〉について、それでも語りうるのかという問題に関しては、いずれまたきちんと検討し直さなければならないと思う。

(3) 〈内なる自然〉〈外なる自然〉〈一なる自然〉

同様に、〈一なる大きな自然〉のなかで〈内なる自然〉と〈外なる自然〉とを区別するとき、われわれは両者の区別と共通性ないし一性との問題に関して、十分に考察してきたと言えるだろうか。

ここでもまたわれわれは、〈内なる自然〉とか〈外なる自然〉とかいった言い方をした途端に、それらが〈自ずから然り〉という有り方ないし現れ方をやめてしまうと断定するのは、性急だと考える。たとえばメルロ＝ポンティなどが〈内なる自然〉が〈外なる自然〉に通じていると主張するとき、そのような言葉がまったくの無意味であるとも思えない。そもそも〈内なる自然〉とか〈外なる自然〉とか言う場合、われわれはすでに両者の区別とともに両者の共通性も考えているのであって、それは「主観」と「客観」とが区別されつつ連関すると言うのとは、まったく意味が異なる——両者には「自然」という実質的な共通契機が含まれているからである。もともと両者は、〈一なる自然〉から抽象された両契機ないし〈一なるもの〉の両面なのではないだろうか。それゆえここでもまた〈内なる自然〉と〈外なる自然〉を区別してしまった瞬間に、両者が「歴史的なもの」や「文化的なもの」に変化してしまうなどとは、考えがたいのである。

ところで(2)で見た〈個々の自然物〉と〈一なる自然〉との関係の問題と、(3)で見ている〈内なる自然〉と〈外なる自然〉と〈一なる自然〉との関係の問題とは、今度はどのように関わってくるのだろうか。われわれが以前にスピノザ解釈で用いた論法によれば、〈内なる自然〉と〈外なる自然〉とが合一して〈一なる自然〉を形成するためには、そもそも個々に〈自然物の多〉を措定しないことが肝要だということにもなるだろう。しかしながら、先ほどのわれわれの考察にしたがうなら、じっさいにわれわれが〈個々の自然物〉に接しているようなときでも、必ずしもわれわれはそれらを区別しつつ〈多〉を措定しているわけではないのだということにもなる。それではそのような場合、たとえば「山」を見ているようなときにも、〈内なる自然〉と〈外なる自然〉とは通徹し合っているというような言い方をしてよいのだろうか。

このような問題も、今後の検討課題となりうるように思われる。いずれにせよ「われわれはその部分である（nous en sommes）」という点で、(3)の問題は(2)の問題を引き継ぐ。

(4)「非自由」と「無為」の真相

「無為自然」や「自然体」の問題に関しては、主としてわれわれは〈自由 - 非自由〉、〈行為 - 無為〉という問題構制のなかで取り扱ってきた。そしてそのさいのわれわれの主張は、「非自由」や「無為」を前面に押し出すというものであった。しかし、はたしてそれは、言葉の用い方としては適切だっただろうか。

I 「自由」と「非自由」

つまり、たとえばシェリングが「有」を超脱してさえ「**絶対的**自由」を称揚していたように、もしわれわれが「自ずから然り」を強調するなら、それはむしろ根源的な「自由」と呼ぶ方がふさわしかったのではないかという思いを、当初からわれわれは抱いていた。われわれはずっと、それでもわれわれがアンリにしたがいつつそれを「非自由」と呼び続けているのは、その方が先行哲学との対話が成り立ちやすかったからだと説明してきた。しかし、それは本当の説明になっていただろうか。「自然」を「自由」に対置するのは、かえって西洋の機械的自然観や唯物論的自然観の発想に近い。そして「無為自然」や「自然体」なら、実感的にはむしろ「自由」に近いのではないだろうか。

ちなみにわれわれが『行為と無為』で主題化してきた自由とは、超越論的な意味での自由、行為の自由、倫理的な意味での自由、宗教的・形而上学的な意味での自由というように多様なものであった。そしてわれわれは、それらの関係についても、十分に検討してこなかった——われわれが示そうとしたのは、どのような意味で「自由」を解そうとも、その根底には「非自由」があるということだけだった。

以上のような疑念をわれわれが抱くのは、われわれが「自由」を自ら定義してから議論を始めるのではなく、そのつど他説を参照しつつ、そこに自説を加えるという手順を取り続けてきたからでもある——この問題に関しては、のちにまた検討する。

ただ、いま思うに、たしかにシェリングやベルクソンにおいてのように、「神」や「根底の意志」や「生一般」等々の自由／非自由が問題化されることがあるにしても、「自由」が論じられるのは、基本的には「個体」のレヴェルにおいてのことであるように思われる——たとえば共同体の自由について語られることは可能なのだとしても、それは諸個体の自由という問題に帰着するのではないかと考えられる。そして個人の自由について論じられるとき、そこにはすでに〈一〉から〈多〉への移行が存していることは、明らかである。そしてもしそのような考え方が正しいとするなら、諸個体の〈多〉の自由の根底には、諸個体が成立する以前の〈一〉に固有の非自由が存続すると述べることは、やはり適切ではなかったかとも考えられる。つまり、「自由」とは初めから相対概念であって、逆に「非自由」こそが絶対的な概念なのではないだろうか——とりわけこのことは、他者の自由を考察するときに顕著であるように思われるし、たとえばよく言われるような「〜からの自由」のことを考えてみても、そのような「自由」には個体をその周況から区別して考える傾向が、つまりは個体を相対的に捉える傾向が、顕わであるように思われる。

われわれはこのような点についても、まだ十分に考察し尽くしたとは言いがたい。そのうえ〈自由／非自由〉の問題は、たんに論理的な解明だけですむようなものでもなく、そこにはわれわれの実感という直接経験をどう考えるのかという問題もある——けれども逆に言うなら、われわれが「自由」とみなしている体験が、「非自由」の経験と区別されないという可能性さえ、やはり見出されるかもしれないのである。

Ⅱ 「行為」と「無為」

同様に、〈行為／無為〉の問題構制に関しても、われわれはアンリにおける超越論的レヴェルでの「無為」を出発点としつつ、宗教的・形而上学的レヴェルにいたるまでの「無為」について論じてきたのだが、それらの相互連関に関しては、それほど積極的に解明しようとはしてこなかった。そのうえ「無為」とは何もなさないことではなく、「行為」の根底にこそ「無為」がある、「無為」に基づいた行為こそが真の「行為」なのだと言明しつつも、やはり何も行わないという意味での「無為」についても、われわれは語っている。さらには「わざとらしさ」、「作為」、「人為」、「はからい」等々を避け、「没我」、「忘我」、「無我」、「無心」等々を称揚するとき、そのような諸概念が厳密な哲学的諸概念たりえているのかということにも、いささか問題があるかもしれない。

たとえば何かに没入・没頭しているとき、そこには「作為」がなく、むしろそのような「行為」こそが「無為」だと言われたなら、体験上は理解しやすい。そしてビランなどが言うように、もし「行為」や行為の「能動性」が対置や二項関係を生み出すものであって、逆にもし「没入」や「没頭」がそのような二項関係や対置構造を拒むものであるとするなら、それを「無為」や「受動性」といったタームによって規定するのは、理論的にも適切であろう。それゆえ何も行為しないとき、そこには〈多なき一〉という意味での「無為」があり、またたとえ何らかの行為を行っているときでさえ、もしそこに行為についての――もちろん非措定的な――自己意識があるとするなら、行為の根底には〈多における一〉を自覚する〈一における一〉という意味での「無為」がある。そしてもし、相対性によって特徴づけられる「行為」の底には、絶対性を旨とする「無為」が必ず見出されるというのであれば、たとえば道徳的・倫理的な意味での「行為」の是非の判断の奥底には、宗教的・形而上学的な意味での善悪を超えた絶対的経験が潜んでいるということともなって、諸々のレヴェル間の関係についても、一定の見方が確立されうるのかもしれない。つまり、そもそも「行為」もまた、基本的には個人や個体に相対的な有限的概念なのではないだろうか。またもしそうなら、逆に個を没した無限の働きこそは、「無為」と呼ばれるにふさわしいと言えるのではないか。

しかしながら、先にわれわれは、「洗練は自然に憧れる」と述べた。逆に言うと、メルロ＝ポンティなら述べるであろうように、「自然」を「文化的洗練」から区別するのは、つねに容易とはかぎらない。そして同じことは、当然のことながら、「わざとらしさ」や「はからい」を廃して何かに没入・没頭していると信じ込んでいる「無為」なる「行為」に関しても、該当するかもしれないのである。

(5)〈隠れているものの現象〉の意味

「現象」概念に関しては、われわれは、一切は現象とみなしうるのだし、みなさなければならないのだと述べてきた。それでは逆に、「隠れている」ということは、いかなる意味を有しているのだろうか――あるいは「隠れている」と述べることに、まだいったいいかなる意義が存しうるというのだろうか。

Ⅰ　私と神と他者と　まず構造的な意味に着目しつつ、幾つかの事例を呈示してみることにしたい。

「隠れている」ということが顕著なのは、とりわけそこに内在化されえないような〈他性〉が関わっているケースであろうかと思われる。たとえばレヴィナスにおいて「超越」とみなされるのは、主として「神」や「他者」の他性であり、場合によっては「死」や「将来」の他性である。〈他性〉の問題に関しては、次節でもまたあらためて取り上げ直すことになるのだが、たとえば〔A〕〈神の他性〉が問題とされる場合、「隠れている」ということは、(1)神は「隠れたもの」として知られているという形式的な意味と、(2)ことさらならざる仕方で、それでも密やかに自己顕示しているという実質的な意味との二通りで捉えることができる。(1)は先にも見たように、あくまで相対的な意味での〈隠れ〉であり〈現れ〉であるのだが、しかし(2)は、アンリなどが述べているように、絶対的な意味での自己顕現でありうる。

あるいは「言葉は本心を隠す」などと言われるような場合、〔B〕もし私の言葉や本心が問題とされているのであれば、⑴それは本心を隠すものとして、それでも現れているのだという、やはり形式的な意味と、⑵伝えようとしている内容がうまく言語化されていないという、実質的な意味で捉えることができる。しかしながらこのような場合、⑴はたしかに相対的概念だが、⑵はけっして〔A〕のように絶対的な意味で捉えることはできない――⑵はむしろ、感情等々の、いっそう根源的な現象の実質との対比において、やはり相対的に「隠れている」と言われうるであろう。また、〔C〕他者の言葉や他者の本心が問題とされているような場合には、⑴本心を隠すものとして現れているという点では、それは〔B〕と同断だが、しかし、⑵うまく言語化できないとか、あるいは本心を偽り隠すとかいうような場合では、いっそう根源的な現象――たとえば他者の顔つき、表情――との比較においてそう言われる場合もあれば、そのような可能性すら存在しないようなケースも、多々見出される。それが「私」と「他者」との決定的なちがいである。

そもそも「神」とは「他者」なのだろうか。われわれが神のことを思惟するとき、ふつう神は「他人」のように恣意的に働いたり気まぐれな思考や感情を有したりすると考えられてはいない。そのように考えてしまうとき、たいていわれわれは、神を擬人化してしまっている――しかしそのような恣意性を排除するなら、〈神の他性〉は、〈他者の他性〉ほどには隠れていないということになるのではないだろうか。あるいは逆に、人間的理性には自己矛盾的とさえ思えるような神の超越性のことを考えるなら、〈神の他性〉は〈他者の他性〉以上に不可解と言うべきなのかもしれない、等々。

しかしこのように述べることによって、やはり一つの事実が再確認される。それはわれわれが〈私〉と〈神の他性〉と〈他者の他性〉を、あらかじめきちんと区別しているということである。そして或る意味では、それは一つの先行知である。隠れているとは言われても、やはり何かが現れていなければ、「隠れている」とさえ言えないのだということは、つまり「隠れ」とは、相対的な概念だということである。

Ⅱ 「隠れている」ということ

それゆえときとしてハイデッガーが語っているような、〈隠れて（＝覆蔵されて）いるということさえ隠れて（＝覆蔵されて）いる〉などということは、完全には主張されえない事態であるように思われる。なぜなら、もし「隠れている」ということさえ「気づかれない、隠れている」というのであれば、誰も何かが「隠れている」などとは言えなくなってしまうはずだからである。おそらく「⑴隠れていることすら、⑵隠れている」という言葉が成立しうるためには、⑴の意味での「隠れ」も、⑵の意味での「隠れ」も、たとえ漠然として非主題的な仕方なのであれ、やはり何らかの仕方で現に現れているのでなければならない。「隠れ」とは、或る種の比較意識がもたらす概念ではないだろうか。西田も言うように、そもそも「分らぬ」ということも、何らかの仕方で「わかっている」ということがなければ、成り立ちえない発言である。たとえばそれは何に関して「分らぬ」のかという仕方で、相対的な非知なり無知なりにすぎない――ハイデッガーの言明には、自分にだけは現れているが、自分以外の人間たちにはそれが隠れたままであるというような、一種のエリート意識的な傲慢さが、垣間見られないでもないのだが。

われわれは、すべては「現象」だと言っておきながら、それでもやはり〈現れ－隠れ〉や〈分かる－分からない〉というセットを用い続けている。けれどもおそらくそのためには、「隠れている」とか「分からない」とかいったことの「実質」や「形式」が、現象学的にはどのような意味を持っているのかを、もう少し正確に探求するのでなければならないだろう。たとえば〈現れ－隠れ〉は、プラトンやメルロ＝ポンティにおいての「見えるもの」と「見えないもの」とのように、「感性的なもの」をモデルとして考えうるのだろうか。あるいはそのようなモデルは、むしろ本質的な〈隠れ〉を隠してしまうのだろうか。そしてわれわれがいま用いている「形式」とか「実質」とかいったタームは、そのままでよかったのだろうか。それともそれ以外にもなお考察すべき問題が、まだ隠れてはいなかっただろうか、等々。

第二節　「自然の現象学」の基礎的論理に関する諸問題

基礎的諸概念の次にわれわれが再検討したいのは、「自然の現象学」の呈示してきた基礎的論理についてである。それは、(1)いかにして〈一〉から〈多〉への移行がなされるのか、(2)なかでも最初の〈他〉はいかにして現れるのか、(3)先にも触れたわれわれの〈非脱自的な印象の非脱自的な自己印象〉と〈場所の自己‐触発〉との諸概念は、いったいどのような関係にあるのか、⑷そもそも「場所」についての垂直と水平の論理については、どのように考えればよいのか、以上のような諸問題に関わってくる。

⑴〈一〉から〈多〉への諸問題

〈一〉から〈多〉への移行は、導出も説明もされえないのだと、つねにわれわれは述べてきた。そしてそのような突然で断裂的にして断絶的な移行は、時間論、空間論、身体論、コギト論、他者論等々のいずれの領域においても、逐一確証されうることである。しかしながら、それらの諸領域における当の問題構制を、すべて一様に扱ってよいのか否かに関しては、われわれはこれまでほとんど検討してこなかった。

Ⅰ　様々な問題構制の共通性と差異性　たとえば時間論においては、原印象はまだ客観的な「点」とも「持続」とも言われえないものであろうとも、そこには「第一次連続」と「第一次非連続」とが見出されるのだとわれわれは主張した。けれどもそのような「瞬間のなかの持続」から、いったいいかにして「第二次連続」のうえに「第二次非連続」という〈多〉が生まれてくるのだろうか――そのような問いは、いかにして時間が流れるのかという問いと同じくらいに難しい。それは或る種の「跳躍」や「飛躍」によって考えるよりないのだと、つねにわれわれは思惟してきた。しかしながら同じことは、たとえば空間における〈中心‐周縁〉構造に関しても、指摘されえよう。〈中心‐周縁〉は、まだそれだけでは〈一つの全体〉として把捉されうるであろう。「山」は単体の山ではないのだと、ついさっきもわれわれは述べた。そしてそこから諸々の個物の〈多〉が乖離し始めるのは、やはり或る時間の経過においてのことであるように思われる。しかしながら、もしそうだとすれば、時間における〈多〉の出現と、空間における〈多〉の出現とは、類比的に考えることができるのだろうか。たとえば一つの全体としての〈中心 - 周縁〉空間は、入れ子状の〈一なる全体〉としてのそのつどの現在瞬間と、もともと同じ構造を有していると言えるのだろうか。

同様に、「身体」もまずもって〈一なる全体〉として経験されてはいるのだが、たとえばビランなどにおいては、それが特殊的努力の諸行使によって、次第に分化ないし分節化されてくる。けれどもそのような〈多〉への移行は、時間・空間における〈多〉への移行と、同一もしくは類比的な構造を有しているのだろうか。あるいはわれわれは、「主観的身体」や「見ていると思われる（videre videor）」についてのコギト的な問題構制のなかで、「内在」そのもののうちに〈一〉と〈多〉とを認めようとした。また当然のことながら、他者論の文脈のなかでは、大きい意味での〈生〉や〈自己〉からの諸個体の誕生という問題が生じてくる。こうした問題諸領域において、〈一〉から〈多〉への移行は、つねに「跳躍」や「飛躍」という仕方で捉えられてきたのだが、はたしてそれでよかったのだろうか。何か問題が出てくるたびごとに「跳躍」で済ませてしまうのは、いささか安直にすぎる態度ではないだろうか。あるいはこれらの問題諸領域のあいだには、少なくとも何らかの相互関係を示すべきではなかったか。しかしそれは、たとえば例の一義性や多義性や類比といった考え方のいずれかで把捉されうるような相関関係なのだろうか。

たとえば空間における〈多〉の出現が、時間におけるそれと深く連動しているように、これら諸領域のいずれか一つにおいて〈多〉の出現が確証されるなら、それが一種のモデルとなって、他のすべての諸領域において〈多〉の出現が説明されるということは、ありえないのだろうか。つまり一度《ひとたび》「跳躍」が行われたなら、あとの問題はそれとの類比か何かによって解決されるということはないのだろうか。あるいは逆に、それぞれの領域にはそれ固有の扱いが求められるべきなのだろうか。さらにはそれともまったく反対に、そもそも最初から時間・空間・身体・コギト・他者等々を区別して始めることこそが、一種の先入見もしくは便宜的な作為だったということは、考えられないのだろうか。そしてそのような場合、端的な〈多〉は端的な〈一〉から、どのような仕方で湧出したと述べることができるのだろうか。

以上のような諸問題を、これまでわれわれは十分に考察してきたとは言いがたい。それゆえこれらの問題は、あらためてわれわれの将来の検討課題となってくるであろう。

Ⅱ 〈多における一〉の根底としての〈一における一〉の意味　そして〈多〉が成立したのちにも、われわれは〈多〉の根底には〈多における一〉を、また〈多における一〉の奥底には〈多なき一〉もしくは〈一における一〉を見てきた。そしてそのさいわれわれは、〈多における一〉という表現のなかの〈一〉を言うためにさえ、〈一における一〉がなければならないのだというような説明を行ってきた。しかしながら、〈多における一〉の〈一〉を述べるために〈一における一〉を要請するということは、〈多における一〉の根底に、その根拠として〈一における一〉を見るということと、ただちに同一だっただろうか。つまり〈一における一〉が根底にあると言われる場合、ここでもそれは形式的な「条件」という意味においてであろうか、それともそれは、実質的な「根拠」という意味においてなのだろうか。

けれどもこの問題は、「於てあるもの」を思惟するためには「於てある場所」を思索する必要があり、そして「於てある場所」を思索するためには〈場所における場所〉つまりは〈「於てあるもの」なき場所〉を思惟する必要があるという問題に、置き換えることができるだろう。そして「於てあるもの」の〈多〉を〈多〉として捉えうるためには、当然のことながら、そこにはそれら共通の土俵という意味での「場所」がなければならない。それゆえ「場所」は〈一〉であり、かつ〈根拠〉であると言うことができよう。そして「於てあるもの」がないときにも、空集合としての「場所」が無意味となることはない――「場所」は「場所」として、それ自身において把捉されるのでなければならないはずである。それゆえこの問題は、〈一における一〉は実質的かつ形式的な根拠であるというかたちで、解決することができるのではないだろうか。

他方、〈多における一〉を言うための〈一〉と述べた瞬間に、われわれは何か〈多〉を集摂する点のような〈一〉を思い浮かべがちである。けれども〈多における一〉に関しては、われわれは、たとえば志向性や超越のように〈多〉を統括する作用の中心点のことだけでなく、地平や世界のような一種の場所

——「対立的無の場所」？——のようなもののことも、考えていた。〈多における一〉は、すべて一様なのだろうか。それともそこには、なお思索すべき多様性が、存在するのだろうか。そしてもしそうなら、〈多における一〉の〈多〉における〈一〉のようなものは、見出されうるのだろうか。

そのうえ〈一における一〉に関してさえ、そこにはなお幾つかの異なる考えが、併存していたかもしれない——けれどもそのことに関しては、次々項でまたあらためて検討し直すことにしたい。

(2)「他性」の出現

そのまえに、最初の〈多〉の問題とは別個に、われわれはやはり最初の〈他〉についても考察しなければならないだろう。つまり、〈他〉や〈他性〉にも〈多〉はあるのだろうか。そしてもし〈多〉があるとするなら、最初に思索すべき〈他〉や〈他性〉とは、いかなるものなのだろうか。

Ⅰ 最初の〈他〉

たとえばヘルトのフッサール批判を検討したとき、われわれは、ヘルトは〈他者を見る〉より〈他者と共に見る〉を優先させようとしていると解しつつ、それでは無謬的確実性をもって〈他者を見る〉を確証することなどできないのだと、反批判した。しかし、そのときにも触れておいたのだが、〈他者を見る〉が先に認められようが、あるいは〈他者と共に見る〉の方が先であろうが、いずれにせよ一方の〈他者の他性〉が認められたのであれば、そこから他方へ移行することは、事実的にではないとしても、少なくとも論理的には等価とみなすこともできたのではないかとも考えられる。そして肝要なのは、ともかくもそのような最初の〈他者の他性〉を、一部のひとたちが主張しているような〈自己のなかの他者〉と混同して、他者問題の固有性を抹消してしまうのを回避することではないだろうか。

同じことは〈非我〔物〕の他性〉、〈神の他性〉、〈異文化や異世界の他性〉といった諸問題に関しても、述べうるであろう。大切なのはそれぞれに固有の他性を考察することなのであって、それを何か別の他性から導き出すことではない——しかしながら、そのように述べることによって、われわれは〈他者の他性〉、〈非我の他性〉、〈神の他性〉等々について、すでに何がしかを知っているのだということになる。この問題には先ほども触れたのだが、それにしても、それは一つの正しい前提だったのだろうか。それともそれは、一種の悪しき先入見なのだろうか。

そもそも最初の〈他〉とは何なのだろうか。たとえば自我の独立自存の感情に対してシュライエルマッハーのように「絶対的な依存の感情」を強調するなら、神こそが最初の〈他〉だというような考えも生まれてくるであろう。あるいは初期フィヒテの「衝突」の観念に依拠するなら、最初の〈他〉は「非我」なのかもしれない。しかるにフッサールの『デカルト的省察』によれば、「自体において最初の異他的なもの（最初の非我）」とは「他我（*das andere Ich*）」である。しかし、それでは〈自己〉の外に最初の〈他〉が見出されるとき、その〈他〉とは神なのだろうか、物なのだろうか、それとも他者なのだろうか。あるいは最初の〈他〉が神であるとか物であるとか他我であるとか言った瞬間に、何か誤謬を犯していることにはならないのだろうか——たとえばまだ神とも物とも他者とも言えない未分化の〈他〉の経験がまずあって、そこから神や物や他我が分化してくるという可能性は、考えられないのだろうか。それとも逆に、「神」や「物」や「他者」は、前二者についてはデカルトも語っていたように、一種の生得観念なのだろうか。

いずれにせよ〈最初の他〉の問題には、〈最初の多〉とはまた別の困難が潜んでいるように思われる。

Ⅱ　他者の限定の問題

〈他者の他性〉に話をかぎったとしても、われわれはそこに、自他非区分の生一般の全体感情から出発して、特に他者の個別的な感情ないし表情へと収縮・限定する道の、長所ならびに限界というものを指摘しておいた。しかしこの問題を思索するさいにも、やはりそこでは諸事物の〈多〉がすでに前提されているのか、あるいはまた最初の〈他〉が神であるのか、物であるのか、それとも他者であるのか等々によって、問題の立て方が変わってくるように思われる。そもそも全体感情を云々するとき、そこに神を見る可能性はなお残されていようが、そこにはまだ物や他者といった「個体」は存在しえない。

他者を限定しようとするとき、たいていわれわれは、諸事物という諸個体の〈多〉を、自明のことのように前提してしまっているように思われる。そしてそのことによってわれわれは、他者がたんなる霊や幽霊や気や気配である可能性を、排除してしまっている。しかしそれは、唯一の道であっただろうか。仮に他者が「個体」であるという主張が、たいていのひとがそう考えているように、唯一正しい道だとしよう。それは「個体」としての自我をモデルとした考えなのだろうか、それとも逆だろうか、あるいは多くの哲学者たちが唱えているように、両者は同時成立なのだろうか。そして光景の全体感情から他者の表情を特定しようとするとき、われわれが行っているのは、〈中心と周縁〉の関係を〈一なる全体〉とみなす方向とは逆方向の行為であり、〈中心〉だけを他の〈周縁〉から隔絶しようとするがごとき働きである。しかしながら、もし他者問題にかぎってそれが人為的な区分や区別とはならないのだとするなら、そこには何か特別の理由でもあるのだろうか。あるいはサルトルがよく主張していたように、他者とは〈世界全体がそこへと収斂してゆき・そこから再放射してゆくような一中心〉なのであって、他者を「個体」とみなすさいにさえ、われわれはそれを「他有化」された世界全体から切り離してはならないのだろうか。

通俗的な見方かもしれないが、他者の場合、私の方から人為的に区分しようとしなくても、他者の方から特別な一個体として収斂してゆこうとする傾向が見られるのも、一つの事実であるように思われる。つまりそれは、他者が周囲に影響されずに自由に行為しているように見えるときである。ゆえに「行為」のレヴェルまで含めて考察するなら、ベルクソン的な「万華鏡」のなかでも、「他者」には「物」以上に「個体化」への傾向が顕著であると言うことができるかもしれない。

全体からの収縮という問題に関しても、はたしてそれが「物」への凝縮を結果するのか、それとも「他者」への収斂をもたらすのか、あるいは「動物」や「たんなる生命体」の場合はどうなるのか、等々――〈一なる全体〉の表情・感情・雰囲気と〈個体としての他者〉の表情・表現・感情との関係に関しても、なおまだ考察すべき諸問題は残っていそうである。

(3)〈非脱自的な印象の非脱自的な自己印象〉と〈場所の自己‐触発〉

前章でも触れたが、われわれは最初、「脱自的な作用の非脱自的な自己‐触発」という考えに対して、その奥底に「非脱自的な印象の非脱自的な自己印象」という考えを指摘していたのだが、その後、われわれはそれに代わって「場所の自己‐触発」という表現を用いるようになった。(A)「非脱自的な印象の非脱自的な自己印象」と(B)「場所の自己‐触発」は、前々項の末尾でも示唆しておいたように、ともに〈一における一〉の構造を有している。もちろん「場所」にも多々あって、たとえば「地平」を一つの場所と捉えるのであれば、そのような場所に関して述べられる触発とは、むしろ異他‐触発であろう。それについて「場所の自己‐触発」という言葉が用いられうるような「場所」とは、「受け取るもの」と「受け取られるもの」とが完全に一致するような、究極の場所でなければならない――それゆえにこそ、そこには真の「自己」というものが見出されるのである。それゆえ〈一〉が〈一〉それ自身を受け取るという点で、(A)と(B)は一致する。しかしながらわれわれは、(A)に何か満たされぬものを感じて、(B)という表現を用いるようになった。それでは両者のちがいとは、いったいいかなるものであろうか。そしてそこには、たとえばアンリの「相対的自己‐触発」と「絶対的自己‐触発」の相違や、あるいはわれわれも先に述べた〈内なる自然〉と〈大きい自然〉との区別のようなものが、見出されるということはないのだろうか。

現時点で考えうるかぎりで、(A)「非脱自的な印象の非脱自的な自己印象」と(B)「場所の自己‐触発」との相違とみなされうるものを、以下に簡単に列挙しておくことにしよう。(1)(A)には点すなわち中心点という印象が強く、(B)には面といった趣がある。(2)それゆえ(A)の方が小さく、(B)の方が大きいとみなされがちである。(3)西田風に言うなら、(A)は時間的、(B)は空間的と考えられるかもしれない。(4)(A)の方が受動的な印象を与え、(B)の方がこれからくる〈他〉や〈多〉を待ち受けているとみなされやすい。(5)(A)は外から到来するものを予想しているように思われるにもかかわらず、主観主義的なニュアンスを帯びやすく、(B)の方に脱主観主義的なニュアンスが強く感じられる。(6)(A)は〔元〕事実性やアポステリオリ性を指し示していると思われるかもしれないのに対し、(B)にはアプリオリ性を容認しうるかもしれない。(7)(A)には内容充実という面が強く、(B)には内容を受け取る器〔＝場所〕という面が強いように思われる。(8)(A)には単体で考察されていて、〈多〉はあとから思惟されているような傾向があるのに対し、(B)は〈多〉があってもなくても同じように考えられていそうである。(9)それゆえ(A)からは関係が考えにくく、あらためて関係を考え直さなければならないのだが、(B)においては関係や関係諸項が初めから考えやすい。(10)(A)は〈多における一〉の〈一〉をあとから名指すのに適しているように思われ、(B)はもともと〈多における一〉に対しては無頓着のように思われる。(11)(A)は実質に囚われすぎていて、「無」や「空集合」が考えにくいのに対し、(B)は「無」に近しく、ここでは「空集合」にも意味がある。(12)(A)には根拠よりもむしろ根源というニュアンスが強いのに対し、(B)は根拠とも根源とも同時に取れるようなニュアンスを含む。

ところで、もし(B)「場所の自己‐触発」が成立するなら、(A)「非脱自的な印象の非脱自的な自己印象」は、もはや不要になってしまうのだろうか。けれども逆に、(A)「非脱自的な印象の非脱自的な自己印象」が成立したからといって、(C)「脱自的な作用の非脱自的な自己‐触発」が不要になるというようなことはなかった。それゆえ、たとえ(B)が成立したとしても、(A)には(A)固有の機能が存続するとも考えられる。

しかしながら、それはアンリにおける「相対的自己‐触発」と「絶対的自己‐触発」の相違や、われわれも述べた〈内なる自然〉と〈一なる大きな自然〉とのちがいには、やはり対応していないように思われる。なぜなら(A)においてであれ(B)においてであれ、まだ「個体」としての〈自己〉は考えられてはおらず、そこにはまだ相対性も自他の区別も、存してはいないからである。むしろ相対性や自他の区別は、〈多における一〉とともに、(C)「脱自的な作用の非脱自的な自己‐触発」以降において、初めて見出されるのではないかと考えられる。

まず(A)があって、それから(B)があるのか、それとも逆なのか、(A)と(B)は同時成立なのか、あるいは(A)という考えと(B)という考えは厳密には互いに排除し合ってしまうのか、それとも逆に両者は相互に補完し合うものとして現れるのか、等々――両者の関係に関しても、なおまだ考察すべきことが多い。

ちなみにわれわれは、いままで〈一における一〉と〈多なき一〉を、また〈多における一〉と〈一における多〉を、まったく区別してこなかった。それはそれでよかったのかもしれないが、あくまで一つの試みとして、もしここでこれらを発生論的に区別するのであれば、以下のように考えることができるかもしれない。(1)「場所」を「場所」において考察するという意味では、第一に置かれるべきは、〈一における一〉である。(2)シェリングにおいてのように「Weder－Noch〔～でもなく～でもない〕」から直接に「二元性」が突発するというのではないにしても、「場所」を考えるときに、ともかくも否定的に〈多〉のことを思惟しているという点では、〈一における一〉の直後にくるのは、〈多なき一〉である。(3)〈多〉を考えつつも〈一〉の方を優先的に見ているという点では、第三に位置するのは、〈多における一〉である。(4)逆に〈一〉に統括されたものであったにしても眼中にあるのが〈多〉であるかぎりで、第四に位置づけられるのが〈一における多〉である。(5)〈一〉を度外視して〈多〉だけを思惟するという立場が、最後にくる。

(4)「場所」の論理

われわれは、「場所」という言葉を本格的に用い始める以前から、「自然の現象学」の「論理」というものを考えていた。それは〈一〉と〈多〉の関係に関わるものと、〈創造／非創造〉、〈自由／非自由〉、

〈行為／無為〉、〈能動性／受動性〉等々に関わるものとであった。しかし「場所」についての考察が増してくるにつれ、われわれはそこに〈水平／垂直〉、〈構造／構造化〉等々のカテゴリーを加えて考えるようになっていった。しかし〈場所の論理〉に関しては、これまでの諸考察に、何か不足はなかっただろうか。

Ⅰ「場所」のカテゴリー

たとえばわれわれは、「派生」や「因果性」や「生産」や「創造」の関係は、同じ場所のうえで水平的には成り立つが、場所と場所とのあいだに垂直的には成立しない、というような説明の仕方を行っていた。けれども明らかにそれは、正確ではない。なぜならそのような関係が、最根底の場所のうえに垂直的には成立しないということは言いえたのだとしても、しかし、たとえば或る学で用いられる「因果性」のカテゴリーが、他の学では「動機づけ」等々に置き換えられてしまうことがあるように、或る場所では水平的にさえ成立しないケースも、当然のことながら考えられるからである。

そもそもわれわれは、西田解釈等々の例外的なケースを除いて、根本的には最根底における「場所」にしか、ほとんど関心を寄せてこなかった。のちにもまた触れるが、われわれは最初からヘーゲルのような百科全書的な関心を抱いていたわけではないのだし、西田ほどにも諸学や芸術、道徳や宗教等々の多様な領域の「基礎附け」に力を注いでいるわけでもない。われわれに関心があるのは、ほとんど「自然」という最奥の「場所」だけなのであって、それ以上は「文化」とか「歴史」とかいったものについて、ただ概括的に述べているにすぎない。

それゆえ幾つかの「場所」を設定しなければならないであろうことをたしかにわれわれは主張しえたのだとしても、しかし、それがどのような「場所」であるべきなのかということまで、われわれは述べてはこなかった。われわれの考えでは、最根底やそれ以降の幾つかの基本的な場所、ならびにそれらのカテゴリーの設定を除いては、ほとんどすべて人為的な作業となる——それは個々の諸学や諸文化領域に、任せておくよりないのではないか。人間本性に根差した必然的な「文化」などというものが、ごく基本的なものを除いては、ほとんど考えられないのと同様に、自然的な仕方で探査しうる「場所」などというものは、最奥やその近辺の場所以外、考えることが難しい。われわれは最も深い幾つかの場所とその基本的な諸カテゴリーを探求したのちは、垂直と水平の関係に留意すれば十分なのであって、結局われわれがめざしていた、またいまだめざしているのも、この二点のみだということになる。

ちなみにわれわれは、幾つかの「場所」に関しては、その成立が直下の場所から「派生」ないし「説明」することが可能となるであろうくらいのことは、考えている。たとえば西田の言葉を用いるならば、「有の場所」は「対立的無の場所」をその根底に置くなら、簡単に導き出せるであろう。

Ⅱ 「根拠」という考え方　しかし、それでもわれわれは「最根底の場所」というような言い方をしている。つまりわれわれが「場所」について述べるとき、われわれはいつも「根拠」ないし「根底」という考え方にはしたがっている。「因果性」、「生産」、「創造」といった諸概念は拒絶しておきながら、

「根拠」という考えは用い続けているということ、それは一つの決断ではあろうが、しかし、それは唯一の道だったのだろうか。このような手順や決断に、はたして根拠はあるのだろうか。つまりわれわれは、あまりにも無根拠に「根拠」というカテゴリーを用い続けているのではないだろうか。

もちろん或る場所とその直下の場所との関係を垂直的に考えているということが、すでにして「根拠」への志向を示している。そもそも「場所」という言葉を用いること自体が、そのような方向を指し示しているのではないだろうか。たとえばドイツ語でGrund〔根拠・根底・土地・地面〕という語を用いる場合でも、この語は「場所」に近しい。哲学で大切なのが広さではなく深さだと言うような場合でも、そこにはやはり「根拠」や「根底」への定位が見られるのだし、「無底」や「何故なしに」といった表現を用いるときでさえ、明らかにそれらは「根底」や「何故」の方から考えられている。

第一章でわれわれは、〈根源的‐非根源的〉のセットを批判するような者は、〈根源的‐非根源的の対の肯定〉より〈根源的‐非根源的の対の否定〉の方をいっそう根源的とみなすことによって、メタレヴェルで〈根源的‐非根源的〉の対を反復しているのだと述べておいた。しかし、いかなるレヴェルにおいても〈根源的‐非根源的〉の対置構造を否定するような立場がもし存在しうるのだとするなら、どうなるだろうか。そのような状況においては、おそらくわれわれは、すべてが平等で、逆に言うと一切が無差別的にどうでもよくなってしまって、われわれが哲学などというものを始める機会も、何ごとかについて立論しようとする機縁さえ、失ってしまうだろう。しかし、もともと或る主張への反論としてしか成立してこなかったこの種の寄生的な議論に、一切が平等で無頓着だと主張する権利など、あるのだろうか。

そもそも何かを理解しようとするとか、分かろうとするとかいう行為には、何かを何かに連れ戻すというような、根拠づけや理由づけへの志向が見られるのが通例である。少なくとも何かを何かと関係づけるようなときには、そこには同じ土俵という意味での「場所」の存立が、要請されている。そしてそのような意味での「場所」には、やはり「根拠」という意味が、同時に思念されているように思われる。

第三節 『自然の現象学』における表現と方法に関する諸問題

「自然の現象学」の基礎的諸概念と基礎的論理に関する諸検討を行ってきたので、今度はいままでの『自然の現象学』において筆者が用いてきた言語表現や議論の具体的な進め方に関して、いささかなりとも反省しておくことにしたい。それはまず、(1)「普遍」や「個物」を代表とするような言語表現の問題に、次いで、(2)それぞれの著書で展開されてきた諸問題構制の相互連関についての問いに、そして最後に、(3)自説の展開における他説の取り扱い方の問題に、関わってくる。

(1)「普遍」・「個物」と言葉の問題

言語表現の問題に関しては、そもそも言語モデルの思考法の特殊性やその諸限界に関しても、留意しておくべきではないかと考えられる。そしてその次にここでわれわれが特に注目しておきたいと思うのは、「普遍」や「個物」、「一」と「多」といった諸概念は、本当に根源的なものなのか、それともわれわれには、〈普遍と個物の根源〉あるいは〈一と多の根底〉へと遡る可能性はないのか、という問いである。

I 〈一なるもの〉の現象と言葉の問題

たとえばデリダが——フィヒテなどと同様に——(1)〈現在は現在だけでは現象しえない〉と主張するとき、われわれはそこに言語モデル的な発想を感じないでもない——現にデリダの『声と現象』は、「指標」と「表現」とについての諸考察を補完するようなかたちで、その時間論を展開している——。それに対してわれわれは、(2)〈現在は現在として現象するのでなければならない〉と主張した。同じようなことは、たとえば、(1)〈「赤」が自覚的に「赤」と言われうるという仕方で「赤」として現象するためには、「赤」は「赤」だけで存立しうるのであってはならず、そこには関係諸項として「青」や「黄」等々がなければならない〉といった類《たぐい》の——ヘーゲルのような——主張と、(2)〈「赤」が「赤」として現象するためには、ともかくも「赤」が現象していなければならない〉という——ごく当たりまえの——主張に関しても、述べられうるであろう。ここではそれぞれ、(1)は差異の体系のなかでの形式的条件を指し示し、(2)はむしろ実質的な条件を示している。つまり、(1)

は比較する意識による比較の産物であり、(2)は比較以前にも、あるいはむしろ比較以前にこそ存しているのでなければならないような原初的意識の産物である。そして問題は、専一排他的に(1)のみを主張しようとするような者は、比較や関係づけ以外にはわれわれが「規定」の手段を持ち合わせていないと考えていることである――しかしながら、たとえば「赤」が他の何かとの比較によって言語的ないし記号的意識にとってことさらに規定されうるためには、関係諸項は別に「青」や「黄」でなくても、「黒」でも「緑」であっても構わない。けれどもそれ自身がたしかに「赤」であると「規定」するためには、少なくとも(2)の意識が依然として必要である。それゆえ言語がその典型をなすような差異や差延や比較や関係の意識だけでは、やはりすべての現象を説明するには不十分だということになる。比較的意識は、比較以前的な意識を前提としているのでなければならない。差異による明確な規定がことさらに措定されていないからといって、そこに何の現象性も認めないというのであれば、それに基づいて何らかの比較や関係づけが始まるということすら、不可能になってしまうであろう。

もちろんド・ミ・ソのなかのミがラ・ド・ミのなかのミと同一ではないように、青と黄に挟まれた赤は黒と緑を周囲に持つ赤とは同じではないのだというような議論も、可能ではある。しかしながら問題は、やはり諸部分を区別してから比較する道と、そのような比較以前の実質を探る道との相違ではないだろうか。

言語は――少なくとも今日よく言われる意味での言語は――すでに〈多〉が措定されている状況から

始まるように思われる。そして或る意味では言語は、〈多〉の措定に協力してゆく。言語はまた分析しつつ、綜合する。言語体系にふさわしいのは、〈多における一〉もしくは〈一における多〉の構造であろう。そしてそれゆえにこそ〈多なき一〉や〈一における一〉を言語モデルで考えることには、おおいに困難が伴う。

われわれはつねに、言語に関しては、過大評価しても過小評価してもならないと考えてきた。過大評価してはならないというのは、もちろん、言語以前的なもの、言語化不可能なものが、多々現象しているからである。しかしながら言語には、そのような現象に基づいて、自らの表現には限界があるということを、自ら述べる力もある——言語を過小評価してはならないというのは、そういうことである。

すべてを言語モデルで考えることはできないと、われわれは述べた。そしてとりわけ言語の存在に近しいと考えられるのが、「普遍」と「個物」という観点であろう。

Ⅱ 「普遍」と「個物」の誕生

そもそも「普遍」と「個物」は、いかにして誕生するのだろうか。

たとえばベルクソンのように、われわれが順にA^1、A^2、A^3……という音を聴いている状況のことを考えてみることにしよう。Aは高さも長さも質も強度もすべて等しい音だと仮定する。けれどもベルクソンの分析によれば、同じ音は、二度目に聞かれたというだけで、すでに別の音に変わってしまっている。それゆえA^1、A^2、A^3……は、それぞれ別の音である。しかるにわれわれは、「同じ音」がすでに「同じ音ではない」と語っている。つまりわれわれは、A^1、A^2、A^3……はそれぞれ「別の音」だと言いつつも、そこにAという共通契機を認めているのである――さもなくばこの種の記述は、もともとたいした意味を持ちえないであろう。それゆえわれわれは、たった二つか三つの諸音の継起のうちにさえ、すでに「普遍〈A〉」と「個物〈A^1、A^2、A^3……〉」との乖離を、換言すれば「エイドス」と「事実」との共存を、経験しているのだということになる――このような記述で正しかっただろうか。

けれどもこのような叙述は、あらかじめ「個物」と「普遍」の概念がすでに成立していることを前提としているような、言わば分析的態度や比較的意識に基づいた記述ではないかと思われる。われわれは「瞬間における持続」というわれわれ自身の考えのなかで、そのつどの瞬間はそれまでの持続全体を入れ子状に包みながら瞬間ごとに一なる全体として膨張してゆくというような理論を展開した。そのさい、たとえわれわれがA^1、A^2、A^3……というような表現を用いることがあるのだとしても、それは便宜上のことであって、本当はそのような比較や分析や関係づけの意識は、事後的な反省の産物でしかない――しかし、それにしてもわれわれは、いかにして反省し、比較分析し、関係づけることなどできるのだろうか。

それは分からない、とわれわれは主張し続けてきた。いかにして〈一における一〉から〈多〉や〈多における一〉が出来《しゅったい》するのか、それは突然の飛躍や跳躍によって忽焉として生ずるのだと、われわれは語ってきた。しかし、ともかくもわれわれが述べておきたいのは、われわれは後追い的に「個物」や「普遍」といった言葉を用いて事象を説明しようとするけれども、それは事後的な一つの説明の仕方にすぎないのだということである。『歴史と文化の根底へ』の最終章におけるフッサールの発生的現象学やベルクソンの発生論的考察に関する箇所でも説明しておいたように、「個物」や「普遍」そのものが、発生的な産物でしかないのである——発生の起源もしくは根源にあったのは、むしろ表情的にして情感的なものであった。

われわれはいつも〈あとなるもの〉から〈先なるもの〉を説明しようとする。「哲学」という人為的な作業の観点からは、それ以外に方途がないのかもしれない。ミネルヴァの梟は夕暮れに飛び立つ。しかしながら夕方になってようやく能動的な行為を開始する梟といえども、それ以前には死んでいたわけではない。たとえ密やかにではあったとしても、明け方からずっと梟は、眼を閉ざしながら生きている。

おそらくわれわれ人間には、「個物」と「普遍」とを区別し定立する能力が、いつから顕在化されるかはさだかではないにしても、確実に具わっているのだろう。けれども「個物」と「普遍」が分かれる以前を知っているということは、それでも肝要なことである。ちょうどメルロ＝ポンティが言語化以前の「意味」のようなものを「図と地」のような単純なゲシュタルトのうちにも見出していたように、世界には、ことさらなる意味付与や理念化以前の「土着的な意味」というものが、たしかに存在する。そしてそれこそが、われわれの求め続けている「自然」ではないだろうか。

Ⅲ 「普遍」と「個物」の根底へ

もともとは事後的な観点の相違でしかなかった「普遍」と「個物」を言語化して区別するから、結局両者はあとからでも容易に結びつくとも考えられる。けれども少なくとも最初から「普遍」と「個別」を固定してかかるという態度には、用心しておいた方がよさそうである――ヘーゲルや、一時期を除いた西田には、すでに形成されてしまった「普遍」や「個物」から出発してものごとを考える傾向が強かったように思えるのは、残念なことではあるのだが。また、たとえ「普遍」でも「個物」でもないと述べつつ、その代わりに生体や流体、event〔出来事〕や事象などを置いたのだとしても、もしそれらが対象化の地平に措定されたものでしかないのであれば、たいして問題の改善とはならない。

たとえば対象化されえないようなものの代表として、究極の〈自己〉のことを考えてみるなら、ヘルトの研究でも述べられていたように、それは通常の意味での「事実」でも「エイドス」でもないような「根源的事実」である――それは「個物」と「普遍」の手前にこそ存しているのだと言うことができよう。そして「現れるもの」と「現れしめるもの」とが一致する究極の「自己」を「場所の自己‐触発」というかたちで捉える場合でも、そのような「場所」においては、たとえ「個物」と「普遍」が乖離しつつ成立したのだとしても、それらはせいぜいのところ「於てあるもの」として存立しうるにすぎない。つまり、たとえば一時期の西田が考えていたように、「於てある場所」を「一般者」とみなすのだとしてさえ、「一般者」ないし「普遍」が「個物」の「場所」となるような「場所」は、究極の「場所」ではないのだということになる。

しかしながら、もし「普遍」や「個物」が一つの表現手段ではあっても、唯一究極の言葉ではないのだとしたなら、われわれがいままで構築し続けてきた〈一〉と〈多〉の論理は、どうなるのだろうか。もし〈一〉や〈多〉、あるいは〈一における一〉や〈多における一〉が、やはり一つの思索の手段ではあるのだとしても、最終決定的なタームではないのだとするなら、われわれは、われわれがいままで行ってきたことすべてを破壊して、検討し直さなければならないということになってしまうのではないだろうか。

もちろん〈一と多〉イコール〈普遍と個物〉というわけではけっしてないのだが、しかし、これまでわれわれは、少なくとも「一」や「多」は思索や思索表現の可能性の一つにすぎないというような立場は、採ってこなかった。はたして「一」や「多」の根底は存するのだろうか――将来われわれは、このような点に関しても、再検討しなければならなくなるだろう。

(2) 諸問題構制の連関について

われわれは『自然の現象学』に関する六部から成る六冊の著作を、順に公刊してきた。しかし時間と空間、歴史や文化と自然、行為と無為、身体の発生論的構成、他性といった諸問題に対してそれぞれ捧げられてきたわれわれの諸考察は、相互に十分に連携し合うものだっただろうか。

I　諸問題構制の個別化と連関の問題　最初はそれが、われわれが『自然の現象学』を「破壊」しなければならなくなるかもしれないと考えた、第一の動機であった。たしかに言語表現を用いる哲学には、すべては一時《いちどき》にではなく、順序立てて語られなければならないという宿命がある。そしてわれわれとしてもわれわれなりの「論理」を立て、「自然」を中心とする諸考察を行ってきた。しかし、それぞれ個別的に扱われてきた諸問題構制間に、領域横断的な諸考察が、もっと加わるべきではなかったか。

たとえばわれわれが『自然の現象学――時間・空間の論理――』の時間論を執筆したとき、われわれは次著『歴史と文化の根底へ』の最終章で行うことになるはずの発生論的な諸考察のことを、すでに念頭に置いていた。それゆえそこでは、たとえ予想されていたのとまったく同じ考えが呈示されたわけではなく、何らかの進化ないし進展が見られたのだとしても、そのことは或る程度すでに織り込み済みであったと言うことができる。しかしながら、『自然の現象学――時間・空間の論理――』の空間論を書いていたとき、われわれは、『身体の生成』で主題化されることになる〈身体と空間〉の発生論的構成のことは、まったく考えていなかった。諸問題構制の相互連関の問題が気にかかるというには、そのような経緯もある。

また、たとえば『歴史と文化の根底へ』を執筆するとき、われわれは『行為と無為』のなかで展開されているような「行為」や「無為」、あるいは「自由」や「非自由」といった実践的な諸問題のことを、十分考慮に入れていたとは言いがたい。それならば「自然」は、たとえ「表象」とはけっして等しくならないのだとしても、しかしあたかも「表象」であるかのような静観的な扱いを受けていたということにはならないのだろうか。あるいは『身体の生成』における「文化的身体」や「自然的身体」の問題は、『歴史と文化の根底へ』における「文化」や「自然」についての諸考察と、十分に結びついていただろうか。また、当初は行われるはずであった「自然における他者」と「文化的他者」についての諸考察は、『他性と場所』やその他の諸著作のじっさいの内容との連関のなかでは、どのように着手されるべきだったのか、等々。

そもそもわれわれが『自然の現象学――時間・空間の論理――』の最終章で「場〔所〕(lieu)」という言葉を用いたとき、それが将来のわれわれの主要概念になるなどと、思ってもみなかった。むしろそのときは、「場〔所〕」などという曖昧な概念はなるべく早く捨て去ってしまって、もっと厳密なタームに置き換えた方がよいのではないかと考えていたことを、いまでも筆者は鮮明に記憶している。それゆえ「場所」という言葉は、次著『歴史と文化の根底へ』でも、ハイデッガーやメルロ＝ポンティの考えを示すときにしか用いられていない。ところが『行為と無為』の第六章で「場所の自己‐触発」という言葉を用い出したあたりから、状況が一変し、『身体の生成』では章を追うごとに「場所」の概念が重要度を増してゆき、最終章には「場所と身体」という章題が付されるほどとなった。そして後続する二冊の著書は、まさに『他性と場所』という書名を有しているのである。

二八年の長きにわたる諸研究のなかでは、たとえその基本線にぶれがなかったのだとしても、様々な変化や変遷は、当然のことながら見出されるであろう。そこに相互間の原理的な矛盾や齟齬は、なかったのだろうか。あるいは一つの問題が他の諸問題をもっと解明するという機会は、見出せなかっただろうか。また逆に、あまりに統一化を意識しすぎるあまりに、硬直した体系思想に陥るという危険はなかったのだろうか——一分野で成功したものを無理やり他分野に適用しようと試みたり、あるいは逆に一領域で主張しえたものを他領域では絶対に認めようとはせずに、一領域の固有性のみを声高に唱えようとしたりする等々のことは、専門哲学者たちにおいてよく見られることなのである。

諸々の問題構制の個別化と相互連関という問題は、しかし、そもそも哲学というものが一般に抱えている問題であると言うこともできる。

Ⅱ 「哲学」の問題 つまり言語表現に依拠する「哲学」には、「一つの全体」として一挙に自らの思想を呈示することなどできない。したがってそこには思想の展開に関する構築の順序ということが、当然のことながら問題とされてくる。たとえばたとえ一挙に全体を示すことはできないにしても、しっかりと「体系化」さえされていれば、それで十分だというような考えも、成り立ちうるであろう。しかしながら現代においては、そもそも「体系」という考え方そのものが、不可能ないし困難に陥っているというような見方もある。

われわれが六部から成る『自然の現象学』を構想したとき、われわれは自らの「体系」を構築しようなどというようなことは、初めから考えていなかった。「体系化」するには、扱いえない、もしくは最初から扱おうとしていない問題が、多すぎる。これまでの問題連関のなかで、当然取り上げるべき問題に着手されていないというのであれば、もちろんそのことはおおいに反省すべきではあろうが、しかし、すべての問題を百科全書的に解決しようなどという大それた望みを抱くほど、筆者は自らを有能と考えたことはない。

それにしても、そもそも現代においては「体系」が不可能だという、たとえばハイデッガーを典型とするような主張は、どのようにして正当化されるのだろうか。ただハイデッガーの権威にしたがって「体系化」を拒むというのであれば、そのような態度は、あまり哲学的とは言えない。

いずれにせよ、「哲学」のスタイルにこうでなければならないというものがあるとわれわれは考えないし、そのような主張が十分に正当化されうるとも思えない。しかし、少なくともそこに組織化や分節化に関する或る種の一貫性が求められるであろうことは、認めなければならないように思う。当初われわれが『自然の現象学』を構想したときには、われわれは、われわれが生涯かけて探求したいと考えている幾つかの諸問題のみを取り上げて、それらの〈多〉が〈自然〉という〈一〉を指差してさえいれば、それで十分だと考えていた——ちょうどどのような意味において〈自由〉が理解されようとも、その根底には〈非自由〉があると、先ほどわれわれが述べていたように——。それでよかったのかもしれないが、しかし、一応当初の計画が完結を見たあとでは、やはり問題諸領域間の相互連関が、気になってきたということである。

哲学が根源そのものではありえない以上、哲学が「体系」という形式を身にまとうのであれ、そうでないのであれ、哲学それ自身には〈多における一〉ないしは〈一における多〉という有り方をしか選べないのかもしれない——そのことを自覚したうえで、今後のわれわれの仕事には、当然のことながら領域横断的な考察が増してゆくであろうし、増してゆくべきである。

(3) 自説と他説 ——「哲学」の可能性の問題

われわれが最初に『自然の現象学』の「破壊」ないし「出門」を構想したもう一つの動機とは、われわれが論文や著書を執筆するとき、あまりにも他説の紹介や解釈にスペースを割きすぎていて、自説の展開がかえっておろそかになっていたのではないか、ということである。

I 自説の展開と他説への依存

これは現代において哲学することの難しさなのかもしれないが、他説に言及することなしにいきなり自説を展開しようとしたりなどすると、たいていは嘲笑か白眼視か、あるいはまったくの無視といった応対に出くわすことになる。自説の自発的な主張に誰もが逡巡し、そして巷では哲学者の代わりに哲学学者、哲学者学者が溢れかえるというのが、現代の風潮であるように思われる。しかしながら、時代のせいにして自らこれに反旗を翻せないようでは、後世から怠慢のそしりを免れえないであろう。われわれはほとんどの機会で、自説を展開するまえに他説を紹介してはいたのだが、しかし、必要とあらばこれに批判を加えるという手法を採ってきた。けれども批判というものは、或る意味では批判される学説に、相変わらず依存し続けているのだということにもなる。

たとえば「歴史」の立場を批判しつつ、「歴史」の根底に「自然」を見ようとするとき、われわれは前期・中期・後期のそれぞれにおけるハイデッガーの考えを俎上に載せて、これを批判するという手順を踏んできた。しかし、別著で同じように西田の「歴史的自然」を批判的に検討したときには、われわれが先のハイデッガーの考えに触れることはなかった。そして西田の〈文化のなかの自然〉という考えを検討するときにも、たとえば「文化」についてのカッシーラーの考えには言及していない。つまりわれわれは、そのつどハイデッガーや西田の「歴史」や「自然」の考え、また西田やカッシーラーにおける「文化」の考え等々に基づいて、議論を展開してはいたのだが、しかし、そのつど他説に反応しつつ自説を述べるというかたちを取っていたので、自説から出発するということはなかった――そのような手法に、何か問題はなかったか。

われわれはまた、レヴィナスだけでなく、シェリングやマリオンなども含んだ数々の「有とは別様に(autrement qu'être)」の思想に対しては、彼らに反対しつつ、それはむしろ根源的な意味での「有」と言うべきだと主張してきた。逆に「自由」に対して「非自由」を主張したときには、ひょっとしてそれこそを真の「自由」と言うべきなのかもしれないが、「非自由」と呼んだ方が伝統との議論が成り立ちやすいので、「非自由」と呼ぶのだと述べていた。「無為」についても同断である。しかしながら、そのようなわれわれの態度が生じたのは、ここでもまた、われわれが他説に基づいて初めて自説を展開するという手順を、遵守していたからではなかったか。つまりわれわれは、まずわれわれ自身の考えに基づいて「有」や「自由」や「行為」の意味を定義することから始めるのではなかったので、少なくとも表面的には、他者依存という結果に陥ってしまっているのではないだろうか。

Ⅱ 〈哲学〉と〈哲学以前のもの〉　しかしながら、先の「体系」の考えではないのだが、すでに完成した学説をいかに呈示するかが問題とされているのではなく、むしろ「探求」の道が歩まれているとき、固定した「定義」から始めるのは、かえって以後の議論の進展を妨げる、もしくは歪めるという危険すら伴ってしまうのではないかとも考えられる。「学」は「学以前」のまだ漠然とした理解から出発するのだと、第一章でもわれわれは述べた。われわれが採っている道とは、まだぼんやりとした先行理解から出発して、次第にそれを厳密化し正確化してゆくというものである。

そして或る意味では、そのような先行理解のうちに、先行哲学もまた含まれている。哲学はけっしてゼロから出発するわけではない。ただし先行哲学だけが哲学を導く先行判断ではないということは、現にわれわれが先行哲学の幾つかを批判してきたという事実も例証している。哲学は、先行哲学との対話のなかでも、まず根源に問い合わせることを怠ってはならない。自説も他説も根源それ自身ではなく、根源のまわりをめぐる表象でしかない。そして問題は、それでもそれが正鵠を射た表象と言えるかということであった。

もしわれわれの試みのように「自然」を根源とみなすというのであれば、自説も他説も「歴史」や「文化」でしかない。そして自説と他説の以前には、さらに哲学以前的な先行理解というものがある。そして漠然とした哲学以前的な先行理解から出発するということは、先行哲学に依存するということと、ただちに同一ではないにしても、両者は無関係ではありえない。その意味では、先行哲学を学んでおくということは、有意義な糧ともなるだろう。先行哲学に関する知識があまりに乏しくて、素人然として問題にならないというようなケースも、たしかに多々存在する。しかしながら、可能なかぎり先行哲学についての知識を増やしてゆけば、それで立派な哲学が出来上がるかというと、そういうものでもない。むしろ八方美人的に目配りの利いた哲学には、独創性の欠如することの方が多い。

われわれはここでも将来においても、〈自説としての哲学〉と〈他説としての哲学〉と〈哲学以前の先行理解〉と〈根源それ自身〉との諸関係について、ことさらに主題化するつもりなどないのだが、何かについて思索するときには、そのような点に関しても留意し続けることは大切であろう。

第四節　『自然の現象学』ののちの「自然の現象学」

『自然の現象学』が扱ってきた「自然」に関して、一つだけ補足しておきたいことがある。かつて思いがけない指摘を受けたことがあるのだが、われわれは「自然」を「生」と同一視したことなどない——たとえ両者が同一的に取り扱われうるような局面が、出現するようなことがあったのだとしても。分かりやすい例を挙げるなら、たとえば仮に〈歴史的生〉とか〈文化的生〉とかいった表現が使われることがあるとしても、われわれはそれが本当の〈生〉ではないなどと言うつもりはまったくない。しかしながら仮に〈歴史的自然〉とか〈文化的自然〉とかいう言葉が用いられたとするなら、ただちにわれわれは、それは真の〈自然〉ではないのだと反駁するであろう。要するに〈生〉はいろいろなレヴェルにおいて多様に展開されうるのであろうとも、しかし真の〈自然〉はつねに根底に存しているのでなければならないと、われわれは考えているのである——ただしそのような自然こそが、〈生ける自然〉だということにはなるのだが。

Ⅰ　重要課題の総括

ともかくも一九九二年に計画された『自然の現象学』は、二〇二〇年には完了した。しかしながら今後も「自然の現象学」がわれわれの生涯のテーマであるということに、変わりがあるわけではない。つまり逆に言うなら、この課題それ自身には、まだ完結していないところがあるということである。むしろいま検討したように、これまでの仕事には、再考すべきところ、あるいは超出すべきところが、まだ多々残されている。

当初われわれには、これまで公刊した六冊の著書をすべてわれわれ自身の言葉で書き直すことが、われわれの最後の仕事になるであろうというような、予感めいたものがあった。しかしながら、それではたんに形式的な工夫にすぎず、内容的にはたいした変化をもたらさないことになってしまう。何度も言うように、われわれは、これまでのテーマを特に拡張したいと思っているわけではない——哲学にとって大切なのは、広さよりも、やはり深さである。「破壊」とは、いままでの仕事を全否定しつつ、除去殲滅することではない。そうではなくて、肝要なのは、これまでよりももっと深く包括的な観点から、いままで扱ってきた仕事全体を見直すことであろう。われわれはハイデッガーにおけるSchritt zurück

〈退歩・遡行〉のように、やたら進歩したり前進したりしようとするのではなく、むしろその場に立ち止まって、これまでの諸考察を直下に掘り下げることをこそめざしたいと思う――本章はそのための自己反省であり、自己批判であった。

今後の課題を明らかにするために、本章で検討したことのなかから、特に再検討が必要と思われる問題点を、以下に列挙しておくことにしたい。(1)〈一なる自然〉と〈多なる自然物〉との関係については、どのように考えるべきだろうか。(2)そもそもいかにして〈諸々の自然物の多〉が生まれてくるのか。(3)同様に、〈内なる自然〉と〈外なる自然〉との関係については、どのように理解すべきなのか。(4)「自由」は本当に個体的で相対的な概念でよかったのか。(5)〈分からない〉、〈理解できない〉、〈隠れている〉ということについての現象学的かつ構造論的な諸研究の必要性。(6)〈一から多へ〉の様々な事例についての類型的諸研究。(7)〈多における一〉の諸類型についての考察。(8)〈最初の他〉とはいったい何であるのか。(9)特に「他者」問題に関して、〈一なる全体〉から〈個体〉への収縮や隔絶、そしてそこからの再放射については、いかに思索すべきか。(10)〈非脱自的な印象の非脱自的な自己印象〉や〈場所の自己‐触発〉において見られるような〈一における一〉についての再検討。(11)〈普遍と個物の根底へ〉、さらにはまた〈一と多の根底へ〉。(12)これまで主題化してきた諸問題の相互連関について。(13)統一性もしくは一貫性をめぐる哲学のスタイルの問題。(14)先行哲学、先行理解、根源に対する自己の哲学の位置づけに関して。

Ⅱ　将来の「自然の現象学」に向けて

以上の諸課題は、しかし、大略的には以下の四点に整理することができるように思われる。

〔A〕⑴から⑷までと⑹から⑽までの九項目は、大雑把に言って、〈一〉と〈多〉をめぐる論理に関わると言うことができるように思われる。⑴と⑵、⑹と⑺と⑽は、あからさまにそうなのだが、⑶もまた〈一から二へ〉の問題として捉えることが可能である。そして⑷と⑼は「個多」の「多」に関する問いの一貫とみなすことができ、また⑻は〈最初の多〉の一特殊ケースと考えることができる。

〔B〕逆に⑾は、〈多と一の論理〉に関わるように思えるかもしれないが、しかし、われわれが考えているのはむしろ、〈多〉や〈一〉、〈個物〉や〈普遍〉といった言葉が成立する以前の段階について、本当に語ることができるのか、あるいはそのような〈根源〉に対して、〈多と一〉、〈個物と普遍〉というような言語は、いったいどのような役割を果たしうるのか、等々の問題についての諸探求だということになる。

〔C〕⑸については、〈あからさまではない現れ〉、〈密やかなる現象〉といったかたちで、われわれとしてもこれまで主題化してきたつもりなのだが、しかし、〈隠れている〉ということは、はたして本当に比較や関係の意識を前提としているのか等々、われわれの探求は、まだ緒についたばかりである。

〔D〕⑿から⒁までは、むしろ諸主題の扱い方の問題である。いまも述べたように、われわれ自身は新しい諸主題を開拓しようと考えているわけではないので、これらは諸主題を扱うさいの留意点のようなものと言うことができる。

それゆえ今後の研究課題ということに関しては、特に〈D〉のことを取り上げる必要はない。〈A〉に関しては、そもそも〈一〉と〈多〉の関係をどう捉えるのかということで、今後ヘーゲルやフッサールや西田の考え等々との対質が、必要となってくるであろう。〈B〉に関して最も参照すべきは、ベルクソンを始めとする連続／非連続の諸理論であろうと考えられる。〈B〉は〈A〉の諸議論を前提とするが、しかし、むしろ〈A〉の根底にあって、〈A〉を破壊するようなものとなるかもしれない。そして〈C〉に関してわれわれが批判的に参照すべきは、やはりハイデッガーの思索であろうかと思われる。

それゆえ現時点でわれわれが今後およそ一〇年間の諸研究のなかで公刊したいと考えている著作とは、以下の三冊だということになる。

(1)『自然の論理』。(2)『自然の論理の根底へ』。(3)『隠れたものの現象学』。

あとがき

第三章自体がいささか長大な「あとがき」のようなものになってしまったのだが、ここではまず本書の執筆時期について、一言申し添えておきたい。筆者は二〇一九年の一〇月に『他性と場所Ⅱ——《自然の現象学》第六編——』の原稿全体を完成させた直後から、本書の準備には着手していた。その後、第一章を脱稿したのが二〇二〇年の二月、第二章を執筆したのは同年の三月から四月にかけて、そして第三章を仕上げてから全体を見直しつつ、「序」を書き加えたのが同年の八月であった——たんに小著であるのみならず、他の哲学者たちに関する文献を渉猟してこれを読解・解釈するというような手間のかかる作業でもなかったので、一年足らずで完成してしまったのだということになる。しかし、まさしくその途中で、世間ではコロナ禍という異常事態が始まり、そしてその惨禍はいまなお継続中である。それゆえこの一年は、筆者には——おそらく筆者にとってだけでなく——非常にして異常に長く感じられる一年でもあった。そしてその間の事情は、ひょっとして本書の内容にも、多少とも影を落としているところがあるのかもしれない……。

ともかくも二〇二〇年度は筆者が定年退職を迎える年度なので、当初筆者は、年度中に『他性と場所

Ⅱ』と『自然の現象学入門』との二冊を上梓して、そのなかの小著の方は、記念に専攻の学生たちにでも進呈しようかとも考えていた。しかしじっさいに書き始めてみると、哲学専攻ではない筆者の専攻〔＝芸術学専攻〕の学生たちには、ちょっと難しすぎたかもしれない。「序」でも述べておいたように、本書はむしろ筆者自身による筆者自身のための、そして筆者にとっては転機となるべき著作だったということになる。

本書の性格から、今回は「註」の類《たぐい》は一切設けなかった。じつは最初は引用も最小限に留めようと考えてはいたのだが、筆者の長年の習慣により、それは困難なことであった――もう少し詳しく言うなら、筆者には、今後はなるべく他の哲学者たちからの引用を控えた著作を執筆してゆくべきだと考えていた時期も、たしかにあったのだが、しかし、それだと学界からはまったく無視される可能性の方が高そうだし、それ以上に、著作のなかから緊張というものが失われてしまう恐れさえある。ゆえに自説と他説との関係の問題は、結局のところ、やはり相互のバランスの問題だということになってしまうのだろう。

ただ筆者は、二〇一九年度と二〇二〇年度とのあいだに、所属していたわずかの学会も、ほとんどすべて退会してしまった。何となく筆者の哲学は学会向きではないという思いは、以前からずっと抱いてはいたのだが、いよいよ定年も近づいてきたということで、身辺整理の必要性を感じたわけである。今後は若い頃から何となくぼんやりと憧れていた「世捨て人」のような生活に入ることになるのだが、「序」や本文にも記しておいたように、もしまだ生きながらえて思索する力が筆者に残されているのだとするなら、あと三冊は出版して、人生最後の務めを果たしたいと考えている。

本書は或る意味では、かなり素人っぽい著作である。第二章を除いて、第一章と第三章においては、自らの内発的な考えや想いというものを大切にした。特に第三章は、その全体が、最終段落に掲げられている〔今後筆者が刊行する予定の〕三冊の著作の必要性がいかにして導き出されたのか、そこにいたるまでの紆余曲折した思索の過程をそのまま示したようなものになってしまったので、未整理の作業ノートといった印象を抱かれた方も、多かったのではないだろうか。じっさいそれは筆者の個人的な心覚えに類したもの、あるいは筆者なりの「悪戦苦闘のドッキュメント」のようなものなのであって、或る意味ではこの第三章の全体を書き換えることこそが、筆者の今後のおよそ一〇年に課された課題だとさえ言うことができる。そしてその意味では、本書の第一章は筆者の現在に、第二章はその過去に、そして第三章はその将来に属するものだということにでもなろう。

けれども本文にも記しておいたように、本書のような著作は、現在の学界や学会からは、あまりよい顔をされないだろう。おそらく学恩ある先生方も、あの世で苦虫を噛み潰しておられるにちがいない。それでも筆者は、いつものように辻村公一先生、ミシェル・アンリ先生、山形頼洋先生には、この場を借りて感謝の言葉を繰り返しておきたいと思う――ちなみに『自然の現象学入門』という書名の著作の最終章に「『自然の現象学』出門」などという章題を付したのは、まだ筆者が学生であった頃に読ませていただいた、ハイデッガーの『形而上学入門』はむしろ「形而上学出門」なりという辻村先生の言葉が、いまだに忘れられなかったからである――。そしてまだご健在であられる恩師ロメイエ＝デルベイ先生、また旧友のディディエ・フランクさんにも、併せて感謝の念を示させていただきたい。

萌書房の白石徳浩さんには、今回もお世話になった。優しくてユーモアのあるお人柄に、どれだけ助けられたことか。思いやり溢れるそのお仕事に対して、あらためてここで謝意を表しておくことにしたい。

二〇二〇年一一月　於長久手市根の神

中　敬夫

■著者略歴

中　敬夫（なか　ゆきお）

1955年　大阪府生まれ

1987年　京都大学大学院文学研究科博士課程学修退学

1988年　フランス政府給費留学生としてフランスに留学（ボルドー第三大学博士課程）

1991年　パリ第四（ソルボンヌ）大学博士課程修了（博士号取得）

現　在　愛知県立芸術大学美術学部教授

著　書

『メーヌ・ド・ビラン——受動性の経験の現象学——』（世界思想社，2001年）

『自然の現象学——時間・空間の論理——』（世界思想社，2004年）

『歴史と文化の根底へ——《自然の現象学》第二編——』（世界思想社，2008年）

『行為と無為——《自然の現象学》第三編——』（萌書房，2011年）

『身体の生成——《自然の現象学》第四編——』（萌書房，2015年）

『他性と場所Ⅰ——《自然の現象学》第五編——』（萌書房，2017年）

『他性と場所Ⅱ——《自然の現象学》第六編——』（萌書房，2020年）　ほか

訳　書

ミシェル・アンリ『身体の哲学と現象学』（法政大学出版局，2000年）

ミシェル・アンリ『受肉』（法政大学出版局，2007年）

ディディエ・フランク『ハイデッガーとキリスト教——黙せる対決——』（萌書房，2007年）ほか

自然の現象学入門

2021年3月10日　初版第1刷発行

著　者　中　敬　夫

発行者　白　石　徳　浩

発行所　有限会社　萌《きざす》　書　房

〒630-1242　奈良市大柳生町3619-1

TEL（0742）93-2234 / FAX 93-2235

[URL] http://www3.kcn.ne.jp/~kizasu-s

振替　00940-7-53629

印刷・製本　モリモト印刷株式会社

ISBN978-4-86065-144-2

中　敬夫著

行為と無為 ―《自然の現象学》第三編―
978-4-86065-064-3／2011年12月刊

身体の生成 ―《自然の現象学》第四編―
978-4-86065-091-9／2015年4月刊

他性と場所 I ―《自然の現象学》第五編―
978-4-86065-113-8／2017年10月刊

他性と場所 II ―《自然の現象学》第六編―
978-4-86065-141-1／2020年10月刊

■著者が長年にわたって構想・構築した〈自ずから然り〉という意味での「自然」の機序を明らかにした《自然の現象学》全6編のうちの4編。「自由と非自由（行為と無為）」をテーマとする第三編，「身体論（身体の発生論的構成）」を扱った第四編，「他者論（他者の他性・神の他性とその場所）」を追究した第五・六編。　＊いずれもＡ５判上製・定価：本体6800～8000円＋税

ディディエ・フランク著／中敬夫訳

ハイデッガーとキリスト教 ―黙せる対決―

■ハイデッガーにより西洋形而上学の始源と位置づけられる古代ギリシア時代の「アナクシマンドロスの箴言」についてのハイデッガー自身の解釈を通じ，彼の思索とキリスト教との「暗黙の関係」が持つ意味を剔抉。

ISBN 978-4-86065-033-9　2007年12月刊　定価：本体3200円＋税

山形賴洋 著

感情の幸福と傷つきやすさ

■フランス哲学の素養にドイツ現象学や西田哲学等の知識も加味し，意識・感情・身体・運動といった幅広いテーマを飽くことなく考究し続け，アンリ研究の第一人者でもあった著者の未発表の遺稿や仏語論文も収めた論文集。

ISBN 978-4-86065-087-2　2014年11月刊　定価：本体4000円＋税